中国经济文库

应用经济学精品系列

中国经济文库·应用经济学精品系列（二）

范　丹◎著

高新技术企业海外直接投资技术创新效应研究
——基于中关村企业的分析

Research on the Effect of Technological Innovation for Outward Foreign Direct Investment of High and New Technology Enterprises
—Analysis of Enterprises Based on Zhongguancun

中国经济出版社
CHINA ECONOMIC PUBLISHING HOUSE
北京

图书在版编目（CIP）数据

高新技术企业海外直接投资技术创新效应研究：基于中关村企业的分析/ 范丹著．北京：中国经济出版社，2018.7

ISBN 978－7－5136－5284－1

Ⅰ.①高… Ⅱ.①范… Ⅲ.①高技术企业—对外投资—直接投资—研究—中国 Ⅳ.①F279.244.4

中国版本图书馆 CIP 数据核字（2018）第 167144 号

责任编辑　彭　欣
责任印制　巢新强
封面设计　华子图文

出版发行　中国经济出版社
印 刷 者　北京力信诚印刷有限公司
经 销 者　各地新华书店
开　　本　710mm×1000mm　1/16
印　　张　10.25
字　　数　120 千字
版　　次　2018 年 7 月第 1 版
印　　次　2018 年 7 月第 1 次
定　　价　46.00 元
广告经营许可证　京西工商广字第 8179 号

中国经济出版社 **网址** www.economyph.com **社址** 北京市西城区百万庄北街 3 号 **邮编** 100037

本版图书如存在印装质量问题，请与本社发行中心联系调换（联系电话：010－68330607）

目　录

1 引言

1.1 研究背景

当今世界，全球经济一体化进一步发展，中国已经成为世界第二大投资国。随着我国企业近年来“走出去”的步伐明显加快，以百度、联想、京东方等为代表的北京中关村高新技术企业，积极“走出去”开展对外直接投资（Outward Foreign Direct Investment，OFDI），加速开拓海外市场，在全球范围内进行跨国并购、兴建研发中心、组建实验室等活动，这一系列的海外投资产生了联动的技术创新效应，提高了企业自身的技术创新能力。

创新分为内源式创新和外源式创新，除企业自身的大量研发投入外，外部技术的获取和利用也是一个非常重要的方面。企业通过海外投资获取积极的技术溢出促进了自主创新能力的提升。技术外溢来源于知识的外部性。Keller（2001）指出，一国技术进步的技术的外部来源主要是对国外技术溢出的学习和吸收，即对中间产品的大规模购买以及外国直接投资（Foreign Direct Investment，FDI）所带来的国外子公司的学习效应。Findlay（1978）研究发现，FDI 技术外溢的过程中，投资规模以及技术差距对技术外溢的效果会产生影响，FDI 的投资规模越大，技术溢出的效果越明显；投资国和东道国的技术差距越大，技术溢出的效应就越大；另外，示范效应（又称“传染效应”）是企业获取技术溢出取得技术进步的重要途径，这种技术溢出的示范效应是指通过对先进技术企业的技术、生产、产品设计等经验的学习和吸收进而提高自身技术创新能力的过程。

以华为公司为例，根据项目申请人最新统计，华为公司从2012年开始申请美国专利，截至2016年6月1日，已经在美国专利局（USPTO）申请发明专利共计1556件。通过分析这些专利申请的技术创新来源，我们发现其主要来自美国本土。这主要是因为华为公司近年来在美国硅谷、西雅图、圣地亚哥等地建有多个研发中心，参与多笔跨国并购。2014年，华为并购了英国物联网公司Neul。2015年，华为并购了爱尔兰Amartus公司旗下的电子通信网络管理业务。可见，华为的海外投资行为获取了积极的海外研发（R&D）知识溢出并促进了其自主创新能力的提升。

根据中央对北京城市发展的新定位，北京将继续打造成为全国创新驱动经济增长新引擎，建设“全国科技创新中心”成为北京未来四大重要功能定位（即全国政治中心、文化中心、国际交往中心、科技创新中心）之一。中关村科技园是引领北京创新的高地，园区内聚集了百度、联想、阿里、华为、首创集团、小米、京东方、乐视等一大批知识密集型企业，作为高科技领域的龙头企业，它们积极“走出去”开展对外直接投资，在全球范围内参与跨国并购、兴建研发中心、组建实验室等活动，引领着中国互联网、信息技术、环保等高科技领域创新的潮流和趋势。

随着以中关村科技园企业为代表的越来越多的高新技术企业加快

“走出去”，那么在国际化扩展的过程中如何充分利用国外研发技术溢出，促进自主创新能力的提升，成为一个值得研究的问题。具体来讲，如何追踪企业在海外投资经营过程中所获取的技术溢出，什么样的积极或消极因素会影响这样的技术溢出的获取，企业如何通过外部获取的知识溢出来促进自主创新能力的提升，投资的动机、风险如何及进入模式应该如何选择等，都是一些有待研究和解决的问题。

1.2 研究意义

关于跨国公司通过对外直接投资行为获取知识溢出的研究，国内外已有很多。例如 Kogut&Chang（1991），Cantwell（2005）等的研究。但他们的研究主要是以日、韩、欧、美等发达国家或地区的高科技企业为研究对象，而具体基于发展中国家的视角，以中国企业的实践来研究的还比较少，尤其是关于具体的如何通过海外投资获取的这种积极的知识溢出来促进自主创新能力提升的机制的研究还比较缺乏。因此，对于以中国为代表的发展中国家高科技企业所兴起的海外投资行为，研究其如何获取积极的知识溢出效应并以此促进自主创新能力的提升具有积极意义。

中国目前已成为世界第二大对外投资国，作为对外投资大国，北京占全国对外投资流量的第二位，对外投资高速发展。而汇集了高科技企业的中关村科技园企业是北京知识密集型企业的代表，研究此类企业对外直接投资促进本土自主创新能力提升的机制，有助于区域创新发展，有助于创新驱动增长，有助于北京建设全国科技创新中心的总体目标的实现。

作为世界第二大对外投资国，我国高科技企业对外直接投资步伐更见加快，而与此同时，与之相配套的政策却相对滞后。由于高科技企业属于知识密集型企业，因此这样的海外投资通常都具有积极的获取外部研发溢出的效应，并对本土的自主创新具有促进作用。关于如何促进相应投资效用的充分发挥，积极引导、促进和帮助企业积极开展投资和进行投资抉择的相关结论，将对政府制定相关投资促进及科技转化政策提供科学依据，有助于引导高科技企业实施对外投资。

1.3 文献综述

高新技术这一定义最早出现在 20 世纪 60 年代，是当代科学技术迅速发展的产物。在国外，高新技术一般被称为高技术或尖端科技。而在我国，高新技术则有狭义和广义之分。狭义的高新技术是指具有国际可比性的高技术；广义的高新技术，则包括“高技术”和“新技术”两个方面。现代高新技术要满足三个要求：从技术结构上来看，高新技术是尖端技术，即建立在人类最新科研成果与现代科技基础之上的技术，它不同于以经验积累为基础的传统技术。从时间上来看，高新技术是新技术，是以最新科研成果为基础的技术。但值得注意的是，高新技术并非简单指新技术，换句话说，新技术不一定是高新技术。从与科学的关系上来看，高新技术是以先进科学为基础的技术，基于科学发现而产生。

1.3.1 有关技术创新的研究

我国对于技术创新的研究起步比较晚。我国学者在 20 世纪 70 年代末才开始介绍国外技术创新成果。到 80 年代中后期，国内学术界才普遍关注技术创新方面的研究，试图探索技术创新理论基础和应用实践等问题，取得了一定的研究成果，逐步形成全面系统的技术创新理论框架。

吴贵生（2000）指出技术创新能力是企业从事技术创新活动的基础，对技术创新成效起决定性作用，并将技术创新能力分为资源投入能力、研究开发能力、制造（生产）能力、市场营销能力和创新管理能力。

邵云飞、谭劲松（2006）提出，区域技术创新能力作为区域创新系统的一个研究内容，是区域技术创新系统功能发挥程度的反映。

刘佳（2010）则认为，技术创新能力是企业抓住有利的市场机会或新技术驱动产生新思想，进行研究开发，并将研发成果应用于生产最终实现商业价值的能力组合，技术创新能力结构要素可以分解为创新决策能力、研发能力、生产制造能力、市场营销能力、组织能力等五个方面。

党召（2015）认为，随着经济全球化及企业竞争的加剧，技术创新的全球化成为无可争辩的事实。技术创新在推动各个国家经济飞速发展的同时，也推动了人类社会的进步。在创新型国家建设中，企业是技术创新的主体，高新技术企业技术创新对于区域经济的发展有着更为重要的责任和意义。

汪国忠、姚丽（2017）认为，高新技术企业创新能力关乎城市发展的驱动力，高新技术企业的成熟度可以分为初始化、规范级、战略级、可预测级和持续优化级五种级别的界定。

以上研究表明了技术创新对于一个企业的重要性以及高新技术企业对于我国未来经济发展的重要性。

1.3.2 有关技术溢出与技术创新的研究

王恕立等（2002）对技术溢出作出了解释：例如，一家跨国公司发明了一项新技术，随之该技术被竞争企业复制或学习，表现为竞争企业通过搜集跨国公司新技术的基础知识，加上自身研究开发组合成与跨国公司相近的研究成果，一段时间以后，相关市场中所有的产品或服务都会体现这类技术，那么这些产品或服务使用者的利益将是外在的，由于是实现或产生利益的企业与产生技术的企业展开竞争，即技术产生了溢出效应。所谓技术溢出是指在贸易或其他经济行为中，先进技术拥有者有意识或无意识地转让或传播他们的技术，包括国际技术溢出、国内技术溢出、行业间技术溢出和行业内技术溢出四种形式。发展中国家用于高科技科研开发的支出无论在相对数上还是绝对数上都小得多。因此，显然发达国家对发展中国家的技术溢出对发展中国家的技术发展有着很大的影响，而这种技术溢出又主要是通过跨国公司来实现的。

《2006年中关村科技园区高新技术产业发展综述》中就曾提到海外投资的创新效应问题，提出了“创新是高科技企业生存之本”的概念，提倡加大对高科技企业的科技与资金方面的支持。自此，电子信息技术、先进制造技术、新能源等产业成为重点发展的行业领域。

陈菲琼、钟芳芳、陈珧（2013）提出了一个核心假设，是关于对外直接投资促进母国技术创新能力提升。在这之前，国内外许多专家学者已经对OFDI逆向技术溢出的机理进行了研究。逆向技术溢出机制主要是通过跨国公司的海外子公司充分接近东道国R&D资源，利用东道国先进的生产要素提升自身的技术创新能力，并通过技术、资源和人才向母公司转移，由母公司吸收和消化，从而促进其技术创新，进而通过示范效应和外部溢出促进母国的技术创新能力提升。

董越（2015）指出，中国企业对外投资存在以下问题：①国家对中国企业海外投资缺乏宏观性管理，相关政策保障不够全面，没有设立专门管理企业海外投资业务的部门，缺乏条例规定，不利于企业开展海外投资活动；②中国海外投资的大部分企业规模相对较小，主要以中小型企业为主，这就造成该类企业海外经营的规模有限，在海外市场竞争中影响不大；③中国企业海外投资范围大，产业结构层次较低。

王娟（2015）指出，技术创新来源于内源式创新和外源式创新，除自身研发投入外，外部技术的获取也是一个非常重要的方面。其一，通过建立数据模型来论证对外直接投资与母国行业技术创新绩效呈正相关。越来越多的实践证明，发展中国家企业可以通过对发达国家的绿地投资或者并购，实现产业创新技术升级，特别是跨国并购，通过并购成熟的发达国家企业，从而拥有了其申请的专利和相对于发展中国家比较新的产品和技术，最终实现技术创新。其二，对外直接投资可以促进母国行业的自主创新。由于技术的规模经济效应，跨国对外投资的增加会增加企业自主创新的程度。

杨挺、李志中、陈子若（2017）指出，现如今中国企业对外直接投资活动，在国家“一带一路”建设和有重点地推动对外开放政策的影响下，呈现出对外直接投资资金流量快速增长、创新驱动发展地位日益突出、东盟与美国等成为中国企业海外投资的热点区域、大项目并购数量大幅增多、地方企业与民营企业在其中占比大幅增加等新特征。

1.3.3 有关高新技术企业海外投资的动机研究

斯蒂芬·海默（Stephen Hymer，1960）发表了垄断优势理论。他指出，国际直接投资理论应该设立在抛弃完全竞争的条件下，而企业想要获得最多的利润，需要具备与本国企业不一样的竞争优势（垄断优势）。垄断优势理论提出，企业独特的优势包括资金优势、技术优势、管理优势、信誉优势等。垄断优势理论能说明国际对外直接投资的局部因素和动力。

Buckley 和 Casson（1977）提出了内部化理论。他们考虑到，企业将这部分拥有不完全竞争的物品在企业内部展开转移，可以追求最高的收益，通过内部化减少物品的交易成本，当内部化越过了本国，就会出现对外直接投资或出现国际企业。国际企业 OFDI 的动机和关键原因可经由内部化理论获得说明。

邓宁（Dunning，1970）发表了国际生产折衷理论，该理论结合了内部化理论、垄断优势理论和区位理论。他指出，跨国公司对外投资共同存在所有权优势、区位优势和内部化优势。这一思想将 OFDI 的动因解释为企业拥有了三大优势。

邓宁（1980）修改了国际生产折衷理论，综合国际贸易、专利授权与对外直接投资，他考虑到，企业三大优势共同改变了其国际化行为。只有所有权优势的产业能采取技术或者专利转让的形式；假设企业同时拥有两种优势——所有权优势和内部化优势，这样便能够开展出口商贸；OFDI 的重要条件是企业同时获得这三种优势。

柯红梅（2003）将高科技产业对外投资动机分成六种不同的形式：①寻求优惠政策型投资动机，即外国国家给予本国企业一些优惠的政策待遇，如出口退税、进出口补贴、较低利息的贷款等；②技术转移和产业转移型投资动机，即本国企业向发达国家开展技术回流型战略投资，向较为贫穷的国家提供相应的技术，增长技术使用时间；③技术回流型投资动机，即跨国公司在发达国家投入部分资金或全资建立高新科技研究机构，把研发的新产品经由国内的附属公司展开生产，再把产品在全世界销售；④市场导向型投资动机，即跨国公司想要开拓新市场、维护和扩增原来市场、避免商贸管制；⑤资源导向型投资动机，即运用成本较低的资源而进行的 OFDI；⑥追随顾客型投资动机，即本国高科技企业对外直接投资中最为重要的是给顾客提供完美的服务。

吴敬琏（2009）考虑到，在发展高科技产业方面，本国应当尽可能选择退出市场活动，本国应该保护市场秩序、确定良好竞争规范、展开重大技术的开发，应尽量少干扰科研活动，只有这样，我国高科技产业才能迅速成长。

熊季霞（2010）认为，高科技产业是国际竞争力的主要组成因素，近些年本国正在努力建立创新型国家，高科技产业获得了全新的成长机会。同时，也面临开发能力弱、集群优势不突出、区域发展不平衡等问题。

张国胜（2015）考虑到，高科技产业开展对外直接投资，其主要目的就是迅速得到国外较好的科技，完美地运用发达国家的科研结果的“外溢效应”以及“集群效应”，更好地促进本国产业结构的完善和升级，提升本国产业的综合竞争实力。全球较好的技术基本都汇集在发达国家或地区，特别是美国、欧洲和日本。

1.3.4 有关高新技术企业海外投资的风险研究

Miller（1992）指出跨国公司所面临的国际风险共分为自然风险、法律风险、政治风险、社会风险和政府风险五大类，而政治风险则主要体现在法律风险和社会风险两方面。白远（2005）通过对外直接投资的风险来源的分析，对风险进行了分类，分为政治风险、商业风险和文化风险三大类。王爱金（2012）将我国高新技术企业国际化经营过程中遇到的风险，从宏观环境、中观行业和微观企业的不同角度做了较为全面的整理分析，其中大到东道国的政治风险，外汇风险、经营风险，小到企业自身的管理风险、决策风险和技术风险等因素都是影响企业海外投资的风险因素。代丽（2015）从政治、经济、文化和技术四个方面分析了技术获取型企业对外直接投资过程中可能会遇到的风险。

关于风险的量化，许多国家的研究机构、著名金融刊物以及专业评级机构都建立了各自的国家风险评价指标体系。例如，世界各国风险指南（ICRG）、经济学人智库（EIU）、《欧洲货币》（Euro Money）、《机构投资者》（Institutional Investor）、惠誉、标普、穆迪等。

关于政治风险指标的量化，以世界各国风险指南（ICRG）公布的政治风险指数和世界银行数据库（World Development Inditors，WDI）提供的数据为主要参考对象。姚凯和张萍（2012）采用了世界银行的制度环境指标作为政治风险指标，并运用 Fabrizio 和 Ricardo 在2008 年提出的定量分析模型，对56 个国家在2009 年的政治风险进行了计算。张雨、戴翔（2013）在研究政治风险对我国“走出去”的影响时，选用的就是ICRG 公布的政治风险指数。

关于经济风险指标，Ghosh 和 Li（2009）研究跨国公司在中东、北非国家面临的投资风险时，采用了 GDP 增长率、通货膨胀率和失业率等宏观经济变量。胡兵和李珂（2012）采用世界各国风险指南（ICRG）的经济和金融风险指标作为国家经济风险指标，考察了近些年来中国对外直接投资面临的经济风险的影响。代丽（2015）以东道国宏观经济水平、经济开放程度和金融风险三项指标作为衡量经济风险的标准。

在文化风险的研究中，Kaufmann 和 Craig（2006）选择用文化距离数据来衡量该指标，Chou 等（2011）使用瑞士经济分析局（KOF）发布的全球化指数（Globalization Index）代表文化相似性，根据文化相似性的程度衡量文化风险。此外，霍夫斯塔德曾做了文化如何影响工作价值观的研究，并且从权力距离（Power Distance），个人主义和集体主义（Individualism versus Collectivism），男性化和女性化（Masculinity versus Femininity），不确定性规避（Uncertainty Avoidance）和长期取向（Long – Term Orientation）五个维度对文化差异做了分析。

1.3.5 有关高新技术企业海外研发投资的进入模式研究

Belderbos R.（2003）在《Entry mode, organizational learning and R&D in foreign affiliates: Evidence from Japanese firms》一文中提出假设：对外投资进入模式可能是影响海外分支机构研发密集度的决定性因素，并选取了 420 家日本制造业企业的海外分支机构为样本进行检验。结果发现，进入模式对研发密集度的影响最显著。尽管当日本母公司缺乏强大的研发能力时少数合资子公司的研发密集度较高，但是被收购的子公司的研发密集度依然明显超过那些绿地投资的全资子公司。

Zedtwitz M. V.（2004）在《Managing foreign R&D laboratories in China》一文中，将焦点集中在由外企在中国境内设立的研发单位，主要研究其研发任务、站点建设、与母公司的一体化进程以及全面的绩效考核指标。该研究基于2001—2004年间对37位当地研发指导者和管理者进行的定量专家采访以及对199家中国境内的外企研究实验室所采取的半定量研究。研究发现，中国境内的外企研发实验室不仅仅是本土市场发展的重要载体，而且是本土发达技术的来源。

Buckley P J，Clegg L J，Cross A R（2007）在《The determinants of Chinese outward foreign direct investment》一文中，对中国跨国企业（MNEs）在1984—2001年期间外国直接投资（FDI）的决定因素进行了研究。文章提出，中国企业对外投资及其影响因素之间的关联程度，影响因素包括：资本市场、特殊所有制形式的优势以及制度因素。结果显示，中国企业对外投资与东道国的政治风险、文化相似度、本土市场规模、地理距离以及自然资源禀赋之间存在较强的关联性。

刘艳（2007）在《中国企业海外研发投资模式分析》一文中，从技术的对外依赖程度角度着手，将中国企业海外研发投资模式分为三种类型：独立研发、跨国技术联盟和跨国技术并购。文章提出，独立研发模式通过利用当地资源（如采购本土先进设备、雇佣当地技术人员）迅速获得当地先进的技术，但是该模式成本高昂。跨国技术联盟能够使双方资源得到合理配置和充分利用，并且成本较低。跨国技术并购模式下，企业通过资金投入并购东道国企业以迅速获取目标企业的核心技术。

陈衍泰、罗来军、林泽梁（2011）在《中国企业海外研发的进入模式与研发强度关系——基于跨案例的研究》一文中，通过跨案例研究方法，对不同行业的四个案例进行研究，发现企业的国际化经验和研发实力对海外研发强度也存在一定程度的影响。文章提出并证实了子公司的相关国际化经验对以绿地投资方式进入的子公司的研发强度有正向的影响；对母公司研发实力比较弱的跨国公司来说，通过参与多数股份模式进入的合资企业下的子公司的研发强度比完全独资形式的子公司下的要高。此外，被并购的发达国家公司往往比发展中国家的跨国企业在海外绿地投资的子公司有更强的研发实力，但是随着子公司经验的增多，这种差别会减小。

顾君杰、张晨、任艳君、朱顺林（2012）在《中国海外研发投资的影响因素与模式选择》一文中阐述了中国海外研发投资现状及趋势，并就影响海外研发投资的因素进行了分析，总结了我国海外研发投资的主要模式。文章认为，影响海外研发投资的因素可从三个层面考虑。从企业层面来看，影响因素包括企业规模和国际经验；从行业层面来看，主要影响因素包括行业壁垒、行业竞争；从国家层面来看，主要影响因素包括研发设施和政策环境。

周茂、陆毅、陈丽丽（2015）在《企业生产率与企业对外直接投资进入模式选择——来自中国企业的证据》一文中，对1661家母公司以及这些母公司对应的2157家子公司进行了实证分析（KS检验法），认为生产率越高的企业对外直接投资时选择并购模式进入海外市场的可能性越大。此外，研发能力和管理能力对企业对外直接投资进入模式的影响差异很大，管理能力越强的企业明显倾向于选择并购模式，但研发能力对投资模式的选择效应却并不显著。

吴崇、蔡婷婷、孔蕤（2016）在《中国企业海外市场进入模式及其对绩效的协调效应研究》一文中，通过对2001—2013年间231家中国制造业上市公司进行实证分析，认为资产专用性越高，跨国公司越倾向于独资模式进入东道国市场；东道国政治制度越完善，跨国公司越倾向于独资模式进入东道国市场。

王砚羽、谢伟、李纪珍、乔元波（2016）共同撰写的文章《自建与合作：资源与海外研发机构进入模式研究》，通过对截至2011年设立海外研发机构的46家中国创新型企业进行实证分析得到以下四点结论：第一，当技术资源较为充裕时，企业倾向于选择自建模式进行海外研发投资；反之则倾向于通过合作方式来整合并利用东道国的技术资源。第二，当经济资源较为充裕时，企业倾向于选择自建模式进行海外研发投资；反之则选择合作方式。第三，从经济资源和技术资源作用强度的对比来看，经济资源较技术资源而言对海外研发机构自建倾向的影响更大。第四，相对于没有政治关联的企业，具有政治关联的企业在海外研发活动中更倾向于自建研发机构。

总之，以上研究分别从多角度针对高新技术企业海外投资的相关问题进行了论述，为本研究提供了理论基础，但是现有研究中针对中国特别是像北京中关村科技园区高新技术企业海外投资的研究及其技术创新效应的研究还很鲜见，本书提供了新的视角来研究这一问题。

1.4 研究安排与创新

本书主要由引言、正文及后记三部分组成，正文部分由第2章至第6章构成。

引言部分即第1章包括四部分内容：研究背景、研究意义、文献综述及研究安排与创新。

第2章——中关村科技园区高新技术企业技术创新能力分析。分为五小节：第一小节介绍了中关村科技园区高新技术企业发展现状，对园区发展概况以及园区高新技术企业相关情况进行了简要介绍；第二小节对中关村科技园区高新技术企业技术创新能力进行了分析，利用产业集聚理论对高新技术企业“扎堆”中关村科技园区的情况进行了理论解释，并建立了一些创新指标，利用数据测算直观反映出了企业创新能力；第三小节分析了中关村科技园区高新技术企业在技术创新中存在的问题，包括内部问题和外部问题，主要是高新技术企业自身的问题和政策大环境的限制；第四小节为中关村科技园区高新技术企业创新能力提升对策建议；第五小节为本章小结。

第3章——中关村科技园区高新技术企业海外直接投资对技术创新效应的影响研究。分为五小节：第一小节对对外直接投资技术创新效应的理论进行了分析，主要阐述了邓宁的对外直接投资理论，简要介绍了三种企业对外投资的主要模式，以及分析了对外投资带来的逆向技术溢出带来的创新效应；第二小节分析了中关村科技园区高新技术企业对外直接投资与技术创新现状，此部分主要介绍了中关村科技园区的发展概况；对园区高新技术企业对外直接投资状况进行了分析，包括对外直接投资额，园区高新技术企业近十年内建立境外分支机构数量和海外并购数量情况；着重分析了园区高新技术企业的创新研发能力，主要有技术创新研发投入分析、国内专利产出分析、海外专利产出分析，设计了三个创新指标，即发明专利授权率指标、国际专利产出率指标、研发国际化程度指标；第三小节对中关村科技园区高新技术企业海外投资技术创新效应的实证分析，选取2007—2016年10年内的相关数据进行实证分析；第四小节提出了相关建议；第五小节为本部分小结。

第 4 章——高新技术企业海外投资的动机分析。分为五小节：第一小节概述了中国高新技术产业现状；第二小节探讨了中国高新技术产业对外直接投资的动机，将 OFDI 动机分为三类：市场寻求型、战略资产寻求型和资源寻求型；第三小节利用实证研究进一步分析了影响高新技术产业对外投资的因素；第四小节对中国高新技术产业中具有优势和劣势的行业对外投资提供了建议；第五节为本部分小结。

第 5 章——高新技术企业海外投资风险分析——基于北京高新技术企业的实证研究。分为五小节：第一小节概括了北京高新技术产业特征，从高新技术企业的背景、现状分析入手，进而了解该行业的发展趋势及动向；第二小节从宏观环境、中观行业和微观企业三大层面对海外投资风险因素展开分析研究；第三小节对假设因素进行实证分析，通过分析结果来证实笔者的观点；第四小节针对北京高新技术企业海外投资过程中可能遇到的不同类型的风险，提出合理化建议来达到规避风险的目的；第五节为本部分小结。

第 6 章——企业海外研发投资的进入模式分析——基于高新技术企业微观实证的视角。分为四小节：第一小节介绍了中国企业海外研发投资的进入模式及发展现状；第二小节对中国企业海外研发投资进入模式进行了实证分析；第三小节提出了政策建议；第四小节为本部分小节。

本书的创新之处主要在于：

第一，从多个角度提出中关村科技园区创新能力评价的新的指标方法，提出研发生产率、研发产出率（国内）、发明实用新型比指标方法，衡量园区企业的科技研发效率和研发能力。提出发明专利授权率、国际专利产出率、研发国际化程度指标，分析园区企业专利质量以及海外专利创新能力。为全面科学评价中关村科技园区高新技术企业技术创新的能力和潜在问题，为制定相关政策提高中关村科技园区高新技术企业创新能力提出针对性对策建议。

第二，提出选取海外专利（PCT 专利）作为技术创新的代表性指标，对园区内高新技术企业海外投资对技术创新的影响进行了实证分析，同时加入研发人员投入以及研发资金投入作为影响变量。首次针对中关村科技园区、高新技术企业海外投资对海外技术创新的影响问题进行分析。

第三，专门选取高新技术企业海外投资的进入模式问题进行研究，以上市公司（中关村企业为主）为高新技术企业样本提取，通过 Logistic 回归分析研究相关因素对企业海外研发投资进入模式选择的不同影响。同时结合我国高科技企业的当前现状，从微观角度对我国企业海外研发投资提出合理建议。

第四，结合当前形势针对北京中关村高新技术企业海外投资的风险进行针对性分析，理论与实证相结合分析关键性风险因素做到风险预警；另外，针对高新技术企业对外投资的动因，分析影响高新技术产业对外投资的动机，并结合实证分析得出本国高新技术产业对外直接投资的动因，且对促进高新技术企业“走出去”提出对策建议。

由于获取高新技术企业决策以及数据信息的途径有限，另外已有数据也存在个别年份缺失需要插值补入的情况，有限的时间内数据收集工作量大所以数据样本数量有限，以上原因都可能会对本书的数据分析和实证研究结果的精确程度带来一定影响。

2　中关村科技园区
高新技术企业技术创新能力分析

经济全球化是当代世界经济发展的一大重要特征和发展趋势，随着经济全球化的发展和知识经济的到来，创新能力日益成为各个国家在国际市场中的核心竞争力。技术创新可以提高国际竞争力，提高生产率，影响国际分工。我国作为贸易大国，想要建设成为创新型国家，技术创新将发挥举足轻重的作用。高新技术企业是技术创新发展的主要推动力，但是对于高新技术企业来说，其技术研发投资高、风险高，高科技产品不断更新换代，以产品生命周期短和竞争激烈。在这种情况下，技术创新能力显得尤为重要，甚至成为了直接决定高科技企业是否成功的关键所在。为推动中关村科技园区高科技企业技术创新能力发展，提高高新技术企业的竞争力以及为我国其他城市做出表率，本研究以中关村科技园区高新技术企业为研究对象，通过对园区经济总量、科技创新人力和创新投入及产出等进行分析，并提出创新力指标分析，从而得出中关村高新技术企业技术创新中存在的一些问题以及相应的对策建议。

2.1 中关村科技园区高新技术企业发展现状分析

2.1.1 中关村科技园区发展概况

表 2 -1 示范区与全国高新区主要数据对比（2010—2016）

年度		2016	2015	2014	2013	2012	2011	2010
总收入（亿元）	全国高新区	276559. 4	253662. 8	226754. 5	199648. 9	165689. 9	133425. 1	105917. 3
	中关村	46047. 6	40809. 4	36057. 6	30497. 4	25025. 0	19646. 0	15940. 2
	中关村占比	16. 7%	16. 1%	15. 9%	15. 3%	15. 1%	14. 7%	15. 0%
实缴税费（亿元）	全国高新区	15609. 3	14240. 0	13202. 1	11043. 1	9580. 5	6816. 7	5446. 8
	中关村	2314. 1	2035. 7	1857. 6	1506. 6	1445. 8	925. 8	767. 2
	中关村占比	14. 8%	14. 3%	14. 1%	13. 6%	15. 1%	13. 6%	14. 1%
净利润（亿元）	全国高新区	18535. 1	16094. 8	15052. 5	12443. 6	10243. 2	8484. 2	6855. 4
	中关村	3170. 3	2903. 5	2582. 0	1908. 2	1370. 7	1306. 4	1106. 4
	中关村占比	17. 1%	18. 0%	17. 2%	15. 3%	13. 4%	15. 4%	16. 1%
出口总额（亿美元）	全国高新区	4389. 5	4732. 4	4382. 6	4133. 3	3760. 4	3180. 6	2648. 0
	中关村	257. 9	299. 4	337. 3	336. 2	261. 7	237. 3	227. 4
	中关村占比	5. 9%	6. 3%	7. 7%	8. 1%	7. 0%	7. 5%	8. 6%

数据来源：《中关村国家自主创新示范区发展数据手册（2017）》。

由表 2 -1 可见，2010—2016 年全国高新区的总收入、实缴税费、净利润每一年都有一定程度的增长，其中 2016 年全国高新区的总收入已经达到 276559. 4 亿元，是 2010 年总收入的近 3 倍；2010—2015 年全国高新区的出口总额逐年增长，2016 年略有下降。2010—2016年中关村总收入、实缴税费、净利润逐年增长，其中 2016 年中关村总收入已经达到 46047. 6 亿元，是 2010 年总收入的近 3 倍；2010—2014 年中关村出口总额均有小幅度的增长，2014 年以后开始下降。中关村近几年总收入等数据占全国高新区的比重基本稳定。这说明了，中关村科技园区一直是我国十分重要的高新技术产业园区，我国高新技术产业园区经济不断发展，但在技术创新输出方面仍有提升的空间。

园区经济发展稳中有进，有力支撑全市经济增长。近年来，中关村示范区经济规模持续保持稳步提升的发展态势。2016 年，中关村实现总收入 46047.6 万亿元，同比增长 12.8%，近几年来增速始终保持两位数，总收入占全国高新区的比重达 16.7%，占比较上年提升 0.7 个百分点，创十年来新高。2017 年，中关村实现增加值 6254.1 亿元，同比增长 13.3%，占全市地区生产总值的比重达 25.1%，占比较上年提高 1.2 个百分点。中关村在推动北京经济持续发展中的引领支撑能力逐步增强，对全市经济增长贡献率由“十二五”初期的不到两成提高到 2017 年的 39 %，且较上年增加 5.5 个百分点。

自 1988 年建立以来，经过 20 多年的发展，中关村国家创新示范区已经完成了从中国科研中心向中国创新中心的转变。中关村成立时，园区内仅有高新技术企业 527 家和技工贸易总收入仅 14 亿元。截至 2017 年，中关村共召集以联想和百度为代表的高新技术企业 15720 家，为北京经济增长做出了突出的贡献。

2.1.2 中关村科技园区高新技术企业总体概况

2.1.2.1 经济总量分析

1. 园区技术收入分析

技术收入也称技术性收入，是指从事技术开发、技术转让、技术咨询和技术服务活动所获得的价款、使用费、报酬的金额。技术性收入的具体金额，以技术合同认定登记时核定的金额为准。技术收入占园区总收入的比重体现了示范区利用科学技术创新盈利的能力，也侧面反映出了中关村科技园区高新技术企业的自主创新能力。

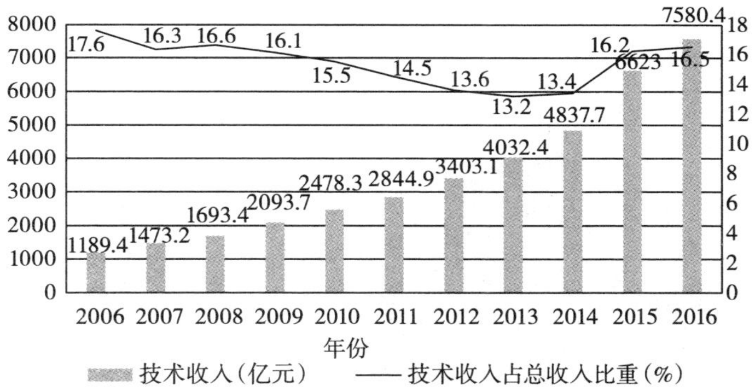

图 2－1 示范区技术收入及占总收入比重（2006—2016）

数据来源：《中关村国家自主创新示范区发展数据手册（2017）》。

根据图 2－1 数据可以观察到，2006—2016 年中关村科技园区的技术收入呈现逐年增长的态势，2016 年中关村的技术收入已经达到 2006 年的近 6.4 倍之多。园区技术收入占总收入比重在 2006—2007 年下降后，在 2007—2008 年有少量增长，2008—2014 年一直呈下降趋势，在 2014—2016 年有一定的回升趋势，其中，2014—2015 年增长幅度最为明显。这说明了，中关村科技园区依靠技术所获得的收益越来越多，但技术给园区带来的收益与非技术类收益相比却呈下降趋势，这也从侧面反映了中关村科技园区的技术创新收益能力有待提高。

2. 园区重点技术领域分析

2016 年，在全国加快实施创新驱动发展战略、京津冀协同发展战略以及推进“一带一路”建设的背景下，中关村示范区以推动北京加强全国科技创新中心建设和国家自主创新示范区建设为“两个抓手”，着力推进“三城一区”建设，持续加强政策引领、产业引领和区域引领。在此形势下，2016 年中关村示范区经济发展再上新台阶，实现了“四力”提升，即创新能力、创业活力、辐射带动力和国际影响力均加速提升，进一步向具有全球影响力的科技创新中心迈进。

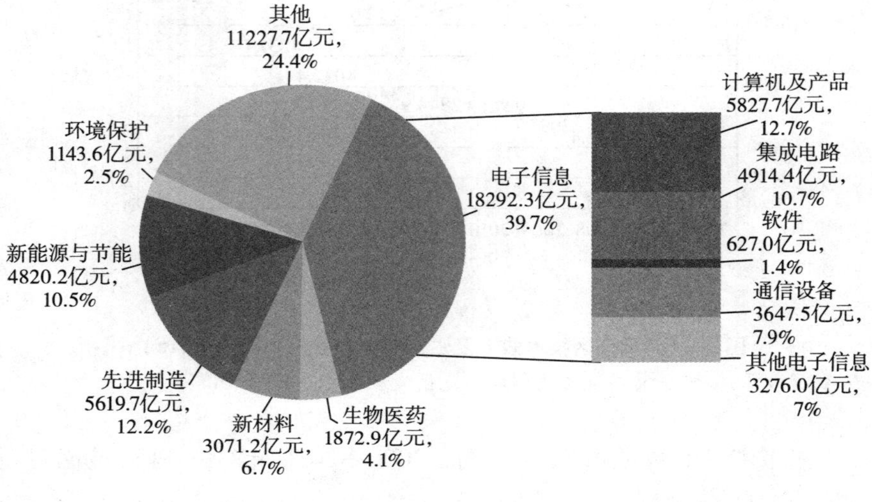

图 2-2　2016 年示范区重点技术领域收入占比

数据来源：《中关村国家自主创新示范区发展数据手册（2017）》。

如图 2-2 所示，2016 年中关村科技园区的重点技术领域主要有环境保护、新能源与节能、先进制造、新材料、生物医药和电子信息（其中，电子信息技术领域包含计算机及产品、软件、集成电路、通信设备和其他电子信息），均为高新技术产业，总占比高达 75.6%。2016 年中关村科技园区重点技术领域总收入高达 46047.6 亿元，这得益于园区对于高新技术产业的大力扶持，也得益于重点领域技术创新的不断发展。

2.1.2.2 科技创新人力分析

1. 园区人力投入分析

企业特别是高科技企业的发展，在很大程度上取决于员工的专业素质，人才资源是第一资源，市场经济的竞争归根到底是人才的竞争，这也是高新技术企业标准认定的重要条件之一。具有固定的研发人员是一个企业能够持续创新的必要条件。根据新版《高新技术企业认定管理办法》（国科发火〔2016〕32 号）规定，高新技术企业科技活动人员占比应不低于企业当年从业总人数的 10%。

表 2－2　示范区企业科技活动人员及占从业人员比重（2009—2016）

年度	2016	2015	2014	2013	2012	2011	2010	2009
科技活动人员（万人）	65.7	60.5	53.2	50.0	40.2	35.9	30.7	32.2
占从业人员比重（%）	26.5	26.2	26.4	26.3	25.4	26.0	26.5	30.3

数据来源：《中关村国家自主创新示范区发展数据手册（2017）》。

根据表 2－2 数据可以看出，2009—2016 年中关村科技园区企业科技活动人员数量总体呈增长态势，2016 年示范区企业科技活动人员数量已经达到了 65.7 万人，是 2009 年人数的两倍多。其中，科技活动人员占从业人员比重一直稳定在 26% 左右，高于《高新技术企业认定管理办法》规定的标准。这说明了，中关村科技园区的企业大多属于高新技术企业，其研发人员数量相对稳定。

2. 园区人员学历分析

近年来，中关村科技园区的人才引进策略不断创新，高端人才加速聚集。2016 年，中关村示范区积极推出并试行了支持北京创新发展的 20 项出入境政策措施；同时创新了外籍人才评价体系，出台了支持雏鹰人才创业等政策，促进了创新创业人才结构优化，为推动全国和

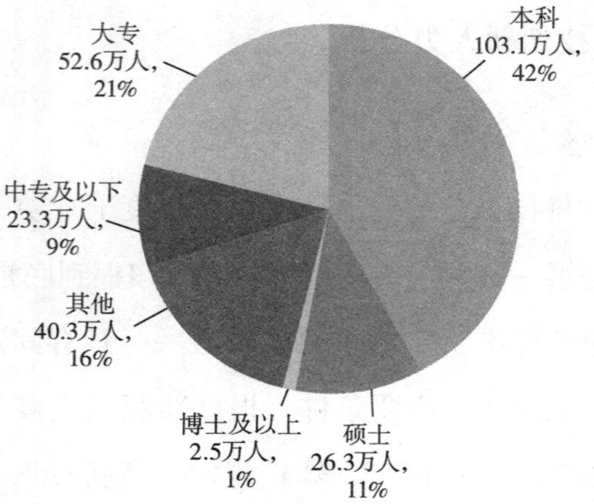

图 2－3　2016 年示范区从业人员学历构成

数据来源：《中关村国家自主创新示范区发展数据手册（2017）》。

首都人才发展体制机制改革探索出了路径。

根据图 2－3 可以看出，2016 年中关村拥有本科及以上学历从业人员占总从业人员的比重为54%。其中，硕士和博士及以上学历的从业人员分别达26.3 万人和2.5 万人，分别占11%和1 %。这体现了中关村科技园区从业人员高端高智的特点。

2.1.2.3　创新投入及产出分析

科技活动经费支出总额为企业内部用于科技活动的经费支出、委托外单位开展科技活动的经费支出、当年形成用于科技活动的固定资产三项之和。根据表 2－3 可知，2009—2016 年中关村科技园区企业科技活动经费支出逐年增加，到 2016 年高达 1972.4 亿元，为 2009 年支出额的 3 倍多，但其占总收入的比重一直稳定在 4% 左右。这说明中关村企业在科技活动方面的投入越来越多。

表 2 –3 示范区企业科技活动经费支出及占总收入比重（2009—2016）

年度	2016	2015	2014	2013	2012	2011	2010	2009
科技活动经费支出总额（亿元）	1972. 4	1776. 1	1452. 1	1251. 4	983. 3	844. 9	677. 7	610. 3
占总收入比重（%）	4. 3	4. 4	4. 0	4. 1	3. 9	4. 3	4. 3	4. 7

数据来源：《中关村国家自主创新示范区发展数据手册（2017）》。

近年来，中关村科技园区企业自主创新能力不断增强，企业创新产出效率稳步提升。这体现在两个方面：一是专利申请量和授权量齐增长，专利质量明显提升。2017 年，中关村企业专利申请量 69217 件，同比增长 14. 2 %；获得专利授权 36336 件，同比增长 4. 0 %；二者占北京市比重分别为 36. 6% 和 36. 1%。其中，发明专利申请量 41127 件，同比增长 8. 7%；发明专利授权量 14782 件，同比增长 15. 3%。中关村企业共申请 PCT 专利 3187 件，占全市的比重达 47. 9%。1989—2017 年连续十七届中国专利奖评选活动中，中关村累计获得中国专利金奖 46 项，其中 2017 年获得 3 项金奖。二是创新产出效率快速提升，领先全国平均水平。2017 年，中关村企业万人专利申请量达 278. 8 件，较上年提高 16. 2 件；其中万人发明专利申请量 165. 7 件，较上年提高 1. 7 件。2017 年，中关村企业万人专利授权量达 146. 3 件；其中万人发明专利授权量 59. 5 件，较上年提高 4 件。截至 2017 年年底，中关村企业万人发明专利拥有量为 248. 8 件，约是北京市平均水平的 3. 2 倍。2017 年，中关村每百亿元增加值发明专利申请量、授权量和有效量分别达到 657. 6 件、236. 4 件和 987. 8 件，均远远高于全国和全市水平，其中有效发明专利拥有量为全国平均水平的 6. 7 倍。

发明项、实用新型项和外观设计项都体现了中关村科技园区的产出成果，但真正体现创新科技含量的是发明项。发明专利是指对产品、方法或者其改进所提出的新的技术计划。其特点是：首先，发明是一种新的技术方案。它是利用自然规律解决生产、科研、实验等各种问题的技术解决方案，一般由若干技术特征组成。其次，发明分为产品发明和方法发明两类。实用新型与发明的区别在于：一是实用新型仅限于具有一定形状的产品，不能是无固定形状的产品或方法；二是对实用新型的创新要求不高，而实用性要较强。由此可知，发明专利的授权量才能体现出企业的科技创新能力。

表 2－4　示范区企业专利申请量与授权量按类型分组（2009—2016）

年度	发明（项）		实用新型（项）		外观设计（项）	
	申请量	授权量	申请量	授权量	申请量	授权量
2009	9113	2556	3996	2916	1559	880
2010	9128	2890	4475	4429	1203	1515
2011	12802	4992	7309	5971	1755	1624
2012	17388	6120	8981	7646	1790	1641
2013	22506	6628	13057	12433	2219	1930
2014	26413	7716	12972	13056	4408	2188
2015	37843	12818	17720	16128	5040	6000
2016	41127	14782	20802	15448	7288	6106

数据来源：《中关村国家自主创新示范区发展数据手册（2017）》。

根据表 2－4 可知，2009—2016 年中关村高新技术企业的专利项包括发明项、实用新型项和外观设计项。发明项的申请量截至 2016 年已经高达 41127 项，是 2009 年的 4.5 倍之多；其授权量 2016 年为 14782 项，是 2009 年的近 5.8 倍。这说明了，随着科技的发展，中关村科技园区的创新能力在不断提高，所取得的发明专利也越来越多，创新技术含量不断提升。但发明项的授权量和申请量还是相去甚远，这说明了大量申请的发明专利没有获得授权，技术研发的科技含量还有很大的提升空间，发明创新的质量还有待提高。

2.2 中关村科技园区高新技术企业技术创新能力分析

2.2.1 理论解释

中关村科技园区的产生和发展是高新技术企业进行产业集聚的结果。产业集聚是指特定领域内的企业由于其共性与互补性的特征而成为“盟友”，并形成强大持久的地域性产业集群，彼此相互联系和支撑。它是生产力空间分布的优化和各种生产要素在一定范围内的有效集中。产业集群作为当代产业存在和发展最为有效的组织形式，在集聚生产要素、优化资源配置、加快制度创新、创造生态环境等方面发挥着越来越重要的作用。国内外实践均表明，加快产业集聚和发展产业集群是区域经济发展战略的重要组成部分，也是市场经济条件下产业化发展到一定阶段的必然选择。

高科技产业园区的产业集聚能够带来整个区域创新能力的增强，具体表现为以下几个方面：

第一，明确发展定位，有效整合高校、科研院所、政府和企业资源，促进科技成果率先落地、优先转化。

第二，优化创新环境，营造创新文化，激发科研人员创新激情。

第三，通过实施重大科技攻关项目，着力解决能够支撑企业发展的关键技术问题，推动企业加快创新驱动和内生增长，进而提升区域创新能力。

由此可见，以中关村科技园区为代表的高科技产业园区对区域创新力提升必将起到积极作用。

2.2.2 指标计量测算

为了更好地分析中关村科技园区高新技术企业的创新能力，本研究根据历年中关村科技园区的发展数据统计，设计了研发生产率、研发产出率（国内）、发明实用新型比三个指标，以此来衡量园区企业的科技研发效率和研发能力。

2.2.2.1 研发生产率分析

1. 指标设计

研发生产率 = 发明专利授权量（件）/创新科技人员投入量（万人） (2-1)

利用公式（2-1）与前文相关数据可以计算并得出2009—2016年中关村科技园区的研发生产率，并根据计算结果绘制出了图2-4。

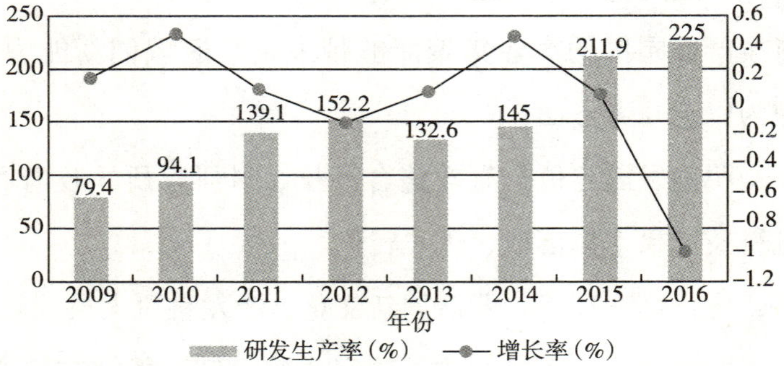

图2-4 中关村科技园区研发产出率及近年增长率（2009—2016）

数据来源：根据相关数据测算得到。

2. 指标分析

研发生产率体现了创新科技人员投入的使用效率，是指单位时间内创新科技人员的生产效率，它与研发团队的研发能力与工作效率有关。根据图 2 -4 可知，2009—2016 年中关村科技园区的研发生产率总体呈上升趋势（2012—2013 年有所下降），2016 年高达 225%，为 2006 年的 2. 8 倍。这体现了中关村科技园区高新技术企业创新科技人员的投入使用在不断优化，其创新能力和成果在不断提升。创新科技人员研发生产产出创新成果的能力不断增强，而研发生产的能力对于一个园区、地区乃至国家的创新能力的增强至关重要。研发生产率的增长幅度呈现一个波动状态，2010—2012 年下降后有一定的上升，2014—2016 年呈现急速下滑的状态。这说明了在创新科技人员使用效率上，中关村科技园区还需要进一步提高，尤其是近两年，创新科技人员的研发生产率的增长率有所降低，需要引起园区的重视。

2. 2. 2. 2　创新产出分析

1. 指标设计

研发产出率（国内）= 发明专利授权量（件）/创新科技活动经费（亿元）　(2 -2)

利用公式（2 -2）和前文相关数据可以计算出 2009—2016 年中关村科技园区的研发产出率（国内），并根据计算结果绘制出了图 2 -5。

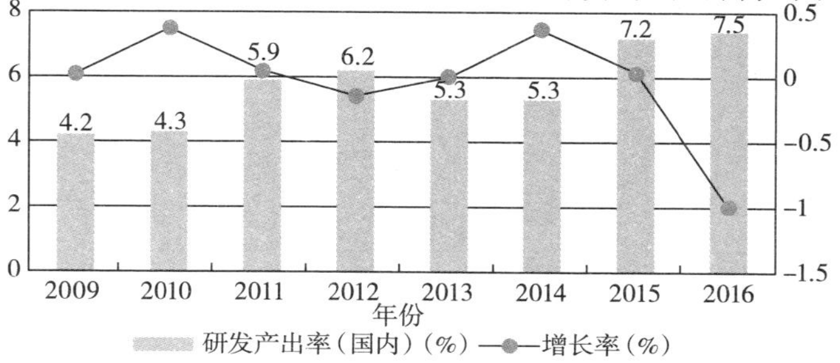

图 2 -5　中关村科技园区研发产出率（国内）及近年增长率（2009—2016）

数据来源：根据相关数据测算得到。

2. 指标分析

研发产出率体现创新科技活动经费投入使用效率，是指单位研发投入资金的创新产出效率，它与科研经费的利用率有关。观察图2－5可知，2009—2016年中关村科技园区的研发产出率（国内）稳步增长，2012—2013年有所下降，2014—2016年进一步增长，2016年研发产出率（国内）达到了7.5%，是2009年的近1.8倍。这体现了中关村科技园区的创新科技活动经费投入使用效率近年来有一定的提高，单位研发投入资金的创新产出效率有所增强，但近年来研发产出率的增长率呈现了负增长，这反映出了研发投入过高但产出提升过慢的问题。

2.2.2.3 创新质量分析

1. 指标设计

发明实用新型比＝发明专利授权量（件）/实用新型专利授权量（件） （2－3）

利用公式（2－3）和前文相关数据可以计算出2009—2016年中关村科技园区的发明实用新型比指数，并根据计算结果绘制出了图2－6。

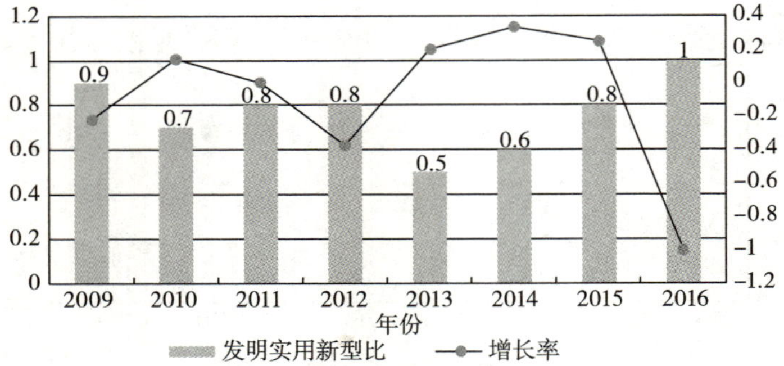

图2－6 中关村科技园区发明实用新型比及近年增长率（2009—2016）

数据来源：根据相关数据测算得到。

2. 指标分析

发明实用新型比指数体现了中关村科技园区企业的研发活动中，高技术含量研发所占有的比例。发明专利与实用新型相比更能体现一个企业的自主创新能力，因此一个优秀的高新技术企业发明实用新型比应该是大于或等于1的。

根据图2－6可知，2009—2015年中关村科技园区的发明实用新型比指数一直呈现波动状态，但数据均小于1，这说明发明专利授权量占比过低，低技术含量研发比例过高；2016年维持在1的水平，说明发明专利授权量和实用新型专利授权量的占比相当，未来还有提升空间。

2.2.3 分析结论

本章利用公式模型，加入研发生产率、研发产出率、发明实用新型比三个指标系数，从三个维度分析了中关村科技园区高新技术企业的创新能力。指标分析表明：

第一，研发生产率有待提高。由于创新科技人员的生产积极性不足，而研发生产所需的人力成本又较高，压低了高新技术企业的利润空间。

第二，研发投入的资金增长较多，但相比而言产出提升较慢，没有取得规模经济效应。根据规模经济曲线，这属于规模不经济的区间。要想解决这一问题，一方面需要制度激励，另一方面需要调整对生产要素的投入及配比，如果高端研发人力投入不够，那么即使加大研发资金投入，产出增加依然会不明显。

第三，由于研发动力不足和创新能力限制，造成发明实用新型比过低，进而造成中关村科技园区高新技术企业产品科技含量偏低。

以上现状是由于多方面原因造成的，不仅是高新技术企业内部存在一定问题，也受外部市场环境和政策导向的影响。

2.3 中关村科技园区高新技术企业在技术创新中存在的问题

2.3.1 内部问题

2.3.1.1 人力资本要素投入不足

在高新技术企业发展的过程中，缺乏人才是阻碍企业技术创新的最重要因素，人力因素直接影响技术创新的过程，决定了技术创新的水平和速度。中关村科技园区高科技企业仍然缺乏技术领先者和高层次人才，同时，存在内部研发人员技术能力不强，研发激励机制较为僵化，企业发展仍存在诸如优质人才短缺和结构不合理以及人才流失等问题，直接影响了企业的技术创新能力提升，阻碍了企业核心竞争力的构建。通过上一小节创新指标数据测算发现，近年来园区创新科技人员的研发产出率的增长率出现了负增长的情况，这说明园区存在企业的高质量人才仍有不足和现有人员研发效率不高的情况。

另外，北京高新技术企业在聘用和招聘人才方面普遍存在着“重型轻实”的误区，具体表现在企业比较注意人员资质和性别以及户口，还有是否有工作经验，而往往忽视人员的基本素质以及重要的基本能力和发展潜力，也未充分考虑人员结构的合理性。

2.3.1.2 知识资本要素积累不足

根据上一小节提出的创新指标：研发生产率、研发产出率（国内）以及发明实用新型比对中关村科技园区的创新科技人员投入使用效率、科技活动经费使用效率及创新成果进行了分析，发现园区近年来存在研发投入产出不匹配以及研发人员研发生产率负增长的情况，以上都影响了创新力的增强，影响了技术创新成果即知识资本要素的积累，进而会影响园区乃至区域创新实力的提升。

目前我国大多数高科技企业在技术研发方面还没有形成自己的核心竞争力，缺乏创新导向使产品同质化严重，进而逐渐丧失应对市场需求变化的能力，导致企业潜在风险不断积累以及国际竞争力逐渐下降。

2.3.1.3 战略联盟意识不足

高新技术企业研发普遍需要投入大量的资金人力进行技术创新，风险高、难度大，单个企业难以单独完成。但对于合作，一般企业往往只考虑眼前利益，缺乏长期合作意识，也就无法将短期的战略联系和长期的永久性战略合作结合起来。

中关村科技园区虽然是产业集聚的产物，但就目前而言园区内的各高新技术企业只有依然缺乏协调合作的意识。高新技术企业只有通过技术联盟才可以实现共担风险，降低自身风险。

2.3.2 外部问题

2.3.2.1 缺少创新激励政策环境

高新技术企业在形成产业集群以后，政策激励的引导将对其发展起到直接作用。对中关村科技园区高新技术企业实行部分优惠政策，对推动园区企业的发展具有积极意义。但需要注意的是，在执行中应当更偏重本土中小型创业企业，若过分重视引进国外跨国公司或国内大型企业的技术就会使得园区发展的动力主要依赖于非核心技术税收，对园区的长远发展不利。

2.3.2.2　缺乏保护创新的市场管理体制

第一，信用体系不完善。要规范市场行为以提高资源市场配置效率，加快技术协同，就必须建立在完善的社会信用体系之上，但由于我国市场经济和信用体系不健全，企业的社会信用意识和信用管理制度普遍缺乏，信用中介服务市场化程度以及市场开放信用数据都比较低。

第二，知识产权保护力度比较薄弱，全社会知识产权保护意识比较薄弱。这表现在企业三对知识产权内涵以及范围和价值的认识不清以及注意力不足，缺乏对知识产权成果的深度开发和利用。目前中关村科技园区高新科技企业也存在以上问题，这无疑给园区高新技术企业创新及发展带来负面影响。

2.3.2.3　缺乏健全的科技成果转化支持体系

由于市场需求有限，科技成果还没有完全实现商品化，同时还缺乏完善的科技成果转化支持体系。加上我国长期存在的制度性原因，科技成果的“价值”不以市场需求为导向，与市场脱节，表现为往往追求学术价值和地位或研究价值，只显示出科技成果的“技术价值”而忽视“市场价值”，研究成果没有市场主导性，也没有工业生产作为技术支持等的可行性研究。另外，由于高科技产品研发风险高，一些研究人员和单位只是小规模研发而不是选择工业化地区转换成果，甚至无法取得经济效益，也使得科技成果无法转化为市场价值。

2.4 中关村科技园区高新技术企业创新能力提升对策建议

2.4.1 理顺政府在技术创新体系建设中的角色定位

首先，政府在技术创新体系建设中角色定位必须准确。政府的角色定位应该从以下几个方面入手：

第一，政府应干预市场失灵，包括制定必要的战略、计划和规划，提供外溢性大的设施以及基础性研究和共性技术研究基地，建设技术创新信息网络等创新支撑体系，通过制定和实施政策法规创造创新环境，通过推动产学研合作来促进共性技术协调服务等。

第二，政府要对市场机制不完善造成的市场低效区，或者政府与市场活动之间的“灰色地带”进行适当介入（包括介入公共项目和竞争项目建设）。这些本可由市场调节的，但由于企业目前还缺乏能力和积极性，市场还不能实现调节，仍旧需要政府给予干预和支持，比如风险投资体系建设和技术创新中介体系建设等。

其次，政府在技术创新体系中应扮演好如下角色：

第一，城市技术创新体系规则的制定者。城市技术创新体系受政府和市场的双重影响。由于市场本身存在自发性、盲目性和局限性，其基础性作用的发挥受到限制。政府凭借自身的特殊地位，运用法律法规、行政手段和经济手段，建立城市技术创新体系的运行规则，营造良好的运行环境。这一规则具有强制性、普遍性和规范性，是政府规范和调节各类行为主体创新活动的重要手段。

第二，城市技术创新的激励者。市场在促进企业技术创新中具有自我组织和自我强化的作用，然而由于其自身所存在的缺陷，市场失灵无法避免，这就需要政府加强对企业技术创新的激励和支持性政策。通过为城市技术创新提供各种激励和优惠政策，政府可以激发技术创新，弥补技术创新外部性和创新产品的公共物品性以及创新的不确定性和高风险性而造成的市场失灵。政府可以通过制定地方财政激励、税收激励、金融激励政策、风险基金和政府采购等方式来促进高新技术和其他政策的发展，以达到政策性激励园区企业开展创新的目的。

2.4.2 强化企业在技术创新体系中的主体地位

经济发达国家技术创新体系建设的主要经验是使企业成为技术创新体系的主体。加强企业创新主导地位是技术创新体系建设的重中之重，也是技术创新体系建设的根本任务，可以采取以下有效措施：

第一，创建“创新型企业”。包括：促进企业技术创新能力显著提高以及加大企业自有知识产权保护力度；随着技术的发展形成知名品牌和自主知识产权；主要业务突出以及核心竞争力强的大公司和企业集团要进一步提高企业技术创新能力和核心竞争力。

第二，加强技术研发机构建设。通过引导企业技术中心建设来增强企业创新实力，有效保护知识产权和落实各种财税激励措施，使企业的技术创新活动形成多渠道创新投资机制（如财政投入和商业以及社会资本投入等），建立一支高素质的技术创新队伍，不断提升企业技术创新能力以及整体竞争力，形成一批具有自主创新能力和核心竞争力的大型企业集团参与国际竞争，形成一批高标准的企业技术研发机构来引导和支持企业技术创新体系建设，形成有效运行机制来增加资金和人员投入，增加研发支出比例，拥有高素质的技术人才和技术骨干，其主导产品具有国际竞争力，最终达到或接近技术创新的世界领先水平。

2.4.3 制定多种激励模式相结合的人才吸引政策

技术创新的人才激励是一个复杂的过程，不同的人才需要采取不同的激励措施。因此，北京市应该结合各种激励模式，为北京的技术创新型人才建立激励机制。如何吸引创新型人才参与北京技术创新体系建设是一项巨大的系统工程。具体要从以下几个方面来加强北京人才引进政策的建设。

第一，加强软硬环境建设吸引人才，积极引进高层次人才和短缺人才，积极为北京人力资本积累打下良好基础。建立吸引人才的“绿色通道”，建立人才创业积累平台以及大力发展特色产业，吸引相关领域人才在北京创业，为归国留学人员投资回国在北京创业而创造更多的便利条件，可以试行“人才居住证”制度，子女入学和家庭就业以及社会福利等方面与本地人才享受同等待遇。

第二，加强引进重大创新人才，培养和造就一批在重大科技攻关和重大问题上能发挥主导作用的领军人才。通过进一步增强科技创新能力来建设一批创新型团队，将有限的财力用于扶持科技拔尖人才的培养引进。加大财政投入力度，设立专项资金主要用于安排科技生产经费和科技三项经费，指导工程建设和“引进项目”作为引导资金。

第三，健全以养老和医疗保险为主要内容的人力资源保障体系建立，完善以养老和医疗以及失业等为主要内容的各类人员的社会保障体系，积极创造条件来建立人才公寓以及统筹解决专家住房问题，逐步实现高层次人才福利的货币化来不断改善各类人才的生存状况。

2.4.4 增强集群内企业结网意识

中关村科技园区内的高新技术企业已经形成了产业集群，构成了区域创新网络。高新技术企业要充分认识到创新网络的重要性，培育创新合作精神。高科技企业要积极与园区其他企业结成战略联盟，将整个创新网络的培育视为企业创新实力发展的先决条件，积极关注并参与创新网络中各企业的创新活动，在区域创新网络的基础上增强企业自身国际竞争力和自主创新能力。

当前，许多技术力量不强的高科技企业对现有技术缺乏突破意识，仍然采取扩大企业规模的扩张方式以及存在专业合作严重不足的问题，这大大限制了企业加强自主创新和完善区域创新网络的能力。应该加强政府和企业，研究机构以及客户和供应商之间的联系与合作，增强网络连接意识来加强创新网络中各个主体之间的联系，并创造良好的创新关系，真正实现产学研相结合。

2.5 小结

本章通过经济总量、科技创新人力以及创新投入及产出三个方面分析了中关村科技园区高新技术企业总体概况并对技术创新能力进行了指标分析，得出如下结论：

第一，本章总结了中关村科技园区高新技术企业发展现状：目前园区内的重点领域技术创新发展势头良好，但创新收益能力仍有提升空间；园区研发人员数量相对稳定，从业人员高端高智；园区科研经费投入不断增加，但产出能力没有等比增长。

第二，本章提出研发生产率、研发产出率（国内）、发明实用新型比三个指标，对园区创新生产率、创新产出以及创新质量进行了分析，发现了中关村科技园区高新技术企业存在研发生产效率有待提高，研发投入的资金增长较多，但相比而言产出提升较慢，以及中关村科技园区高新技术企业产品科技含量偏低等问题。

第三，本章提出中关村科技园区高新技术企业创新能力提升受内、外部多方面问题影响，主要包括以下几个方面：一是中关村科技园区高新技术企业人力资本要素投入不足，科研人员利用率和高新技术产品产出量有待提升；二是中关村科技园区高新技术企业知识资本要素积累不足，自主创新能力有待增强；三是中关村科技园区高新技术企业战略联盟意识不足，各企业间缺乏协调合作意识；四是目前对于高新技术企业而言缺少创新激励的政策环境，缺乏政策性引导，导致企业自主创新的动力不足；五是缺乏保护创新的市场管理体制，对知识产权的保护力度不足；六是缺乏健全的科技成果转化支持体系，科技创新成果无法100%转化为市场价值。

针对这些问题，中关村科技园区高新技术企业的创新能力应该理顺政府在技术创新体系建设中的作用，强化企业在技术创新体系中的主导地位，制定人才吸引政策以及结合各种激励模式来提高创新能力。通过本章的研究有助于企业发现影响技术创新能力的主要因素，帮助企业及时发现技术创新能力不足的原因，并进一步完善技术创新活动，有助于不断提高中关村科技园区高新技术企业的技术创新能力。

3　中关村科技园区高新技术企业海外直接投资对技术创新效应的影响研究

在经济全球化进一步发展的今天，以中国为主导的“一带一路”建设正在如火如荼地进行，全球性海外投资活动迅猛增长，中国企业也凭借自身实力跻身海外投资活动当中。现如今，为追求更好的发展，中国企业已不再仅仅满足于国内市场，而是将发展目标定位于国际化、智能化，更加注重产品、技术的创新与研发能力的提升，更加着眼于创新型人才的吸纳与培养。其中最具代表性的就是高新技术企业，这类企业活跃于海外投资市场，进行着海外并购、绿地投资等活动。母国企业的海外投资行为会产生技术溢出和逆向技术溢出。由于中国高新技术企业海外投资热点区域在欧美等经济发达地区，所以本章将主要对逆向技术溢出即技术创新带动效应进行研究。

本章立足于母国企业视角，以中关村科技园区高新技术企业为研究对象，对园区内高新技术企业海外投资的资金数量、国内外专利申请量与授权量、创新科技活动经费投入量和创新科技人员投入量进行数据的收集与实证分析，并设计了三个创新指标，通过指标分析来印证企业海外投资会带来技术创新效应。

由设计创新指标和实证分析的结果我们可以看出，中关村科技园区高新技术企业海外投资的 OFDI 额与创新科技人员投入量对企业申请海外专利 PCT 数量产生正向影响，即投资额越多，创新人才投入越多，PCT 专利申请量越多。亦即高新技术企业通过海外投资获得逆向技术溢出，从而产生创新效应。

3.1 对外直接投资技术创新效应的理论分析

3.1.1 对外直接投资的理论解释

3.1.1.1 对外直接投资理论

20 世纪 70 年代，英国经济学专家邓宁总结出决定国际企业行为和国际直接投资的三个最基本的要素，即所有权优势（Ownership）、区位优势（Location）和内部化优势（Internalization）。这就是所谓的 OLI 模式，解释了企业开展对外投资的条件、基础与载体。企业只有将三个优势最大化发挥，才能实现对外投资效益的最大化。

所有权优势是一国企业拥有或设法拥有至少是其他外国企业不能以此优惠条件拥有或设法拥有的资产或专利。由于这类资产被认为是由该国企业所寡占的，并且至少有一部分有可能被出售给其他企业，因此被称为所有权优势。区位优势是该国企业发现把它们所拥有的任何一部分生产设施转移到该国以外进行直接投资的获利程度，这取决于该国区位要素禀赋的条件。内部化优势是拥有这类资产的企业把这类资产的使用内部化，或把资产的使用权出售给其他外国企业而受益。这种优势反映出与作为资产调节和配置的市场机制相比，跨国企业制度所具有的效率水平。

毫无疑问，企业三方面的优势不能分别单一地用来解释企业对外直接投资行为，企业唯有在同时拥有这三类优势时，才可能进行对外直接投资。

3.1.1.2 对外投资进入模式

企业对外投资主要有三种模式，即跨国并购、绿地投资和跨国战略联盟。

1. 跨国并购

跨国并购是指母国企业通过购买东道国企业的股权，取得对该企业的所有权和经营管理权，把该企业直接纳入自己的经营组织系统。并购当地企业的基本形式有两种：一是通过股票市场参照股价购买当地企业的股票；二是通过谈判购买国外原有企业的部分或全部资产。

案例 ……………………………………………………………………

万达集团并购北欧院线集团——继 2012 年收购美国 AMC 之后，2017 年 1 月 23 日，万达集团旗下院线美国 AMC 宣布以 9.3 亿美元并购北欧最大院线北欧院线集团（Nordic Cinema Group）。这是 AMC 继以 11 亿美元的价格收购美国的竞争对手卡麦克影业（Carmike Cinemas）、12 亿美元并购欧洲最大院线欧典院线（Odeon & UCI）之后，又一次为院线一掷千金。北欧院线集团总部位于斯德哥尔摩，在北欧地区拥有 663 块屏幕，影院遍布北欧 50 个主要大中城市，在瑞典、芬兰、爱沙尼亚、挪威、拉脱维亚和立陶宛等国市场份额排名第一。这次并购北欧院线后，世界最大院线进一步扩张版图。AMC 在北美和欧洲 15 个国家拥有 1000 家影院、11000 块屏幕。

在此次收购北欧院线集团之前，万达集团已在全球拥有 1352 家影院和14347块银幕，票房占据了市场份额中的约12%。如今，万达集团已经在全球范围内并购了美国AMC、美国卡麦克影业、澳大利亚赫伊斯院线、欧洲欧典院线、北欧院线集团。在并购北欧院线集团后，万达集团累计拥有1470家影院、超过15000块屏幕，约占世界总屏幕的10%，具有一定市场影响力。

由此可见，企业的跨国并购可以开拓被收购企业所在国的市场，直接利用被收购企业在当地的人员与场地设备来进行企业经营，借助其在当地的影响力来减少进入市场的阻力，以便更好地扩大市场份额，优化经营模式，获取更多利润。

2. 绿地投资

绿地投资是指通过直接投资的方式在国外目标市场创建新的企业，形成新的生产经营单位和新的生产能力。绿地投资模式具有投资者能够最大程度把控风险，主动掌握项目策划各方面的优点。此外，创建新企业可以利用机器、设备、原材料、技术、工业产权等作为资本投入的投资方式，能够有效弥补外汇资金的不足，减轻生产成本压力。

案例 ……………………………………………………………………

华为集团在印度建立研发中心——2015年，华为技术有限公司在印度投资1.7亿美元建立其海外最大研发中心，该研发中心被建在班加罗尔，华为集团表示该研发中心将致力于软件开发。华为之所以选择印度作为绿地投资所在国，是因为印度的软件行业非常发达，行业内人才济济，在此建立研发中心便于学习先进的软件开发技术，获取最先进的技术研发成果，以提高华为自主创新的能力。这是中国公司在印度的第一笔绿地投资，也是华为在海外最大的研发中心。

3. 跨国战略联盟

跨国战略联盟是指不同国家间的两个或两个以上的企业通过各种协议、契约而结成的优势互补、风险共担的合作组织，以实现彼此各方的优势互补与协作、利益共享和风险分担，其目标是共同拥有市场、共同使用资源，是一种全新的组织形式。根据美国一项主要针对美国公司与其他国际跨国公司战略联盟抽样调查的结果显示，股权方式在联盟方式中占主导地位，约有70%的跨国战略联盟采取了股权合资的方式，其余则是联合研究开发、许可证安排、共同生产或营销等非股权方式。

案例 ………………………………………………………………

百度Apollo加入Deep Drive联盟——美国时间2018年3月8日，百度Apollo自动驾驶开放平台宣布正式加入加州大学伯克利Deep Drive深度学习自动驾驶产业联盟（Berkeley Deep Drive），并发布了Apollo数据及前沿技术品牌Apollo Scape，正式开放Apollo Scape大规模自动驾驶数据集。

加州大学伯克利Deep Drive深度学习自动驾驶产业联盟，是由加州大学伯克利分校领导的研究应用于汽车领域的计算机视觉和机器学习前沿技术的产业联盟。该联盟包括了英伟达、高通、通用、福特等20家全球自动驾驶领域的企业，研究项目覆盖感知、规划决策、深度学习等自动驾驶关键领域。

Apollo开放平台加入Deep Drive联盟，将与全球自动驾驶领先企业以及顶级学术研究机构携手，通过共享研究成果、交流经验，进一步壮大自动驾驶研发力量。百度副总裁、AI技术平台体系（AIG）总负责人、百度研究院院长王海峰表示："百度和伯克利的合作，将依托Apollo开放平台的产业化资源和伯克利顶尖的学术团队，加快自动驾驶的技术创新、理论创新，以及落地应用的进程。"

Apollo开放平台此次发布的Apollo Scape不仅开放了乃Cityscapes等同类数据集11倍以上的数据量，包括感知、仿真场景、路网数据等数十万帧超像素语义分割标注的高分辨率图像数据，还进一步涵盖了更复杂的环境、天气和交通状况等。

据了解，Apollo开放平台还将与加州大学伯克利分校在CVPR（IEEE国际计算机视觉与模式识别会议）期间联合举办自动驾驶研讨会（Workshop on Autonomous Driving），并将基于Apollo Scape的大规模数据集定义了多项任务挑战，为全球自动驾驶开发者和研究人员提供共同探索前沿领域技术突破及应用创新的平台。

百度通过加入Deep Drive联盟，通过共享数据信息、共享研究成果，交流经验技术，共享研发创新力量，以实现彼此各方的优势互补与协作，减少研发阻力，共同克服技术难题，彼此利益共享和风险分担，其目标是共同拥有市场、共同使用资源，共同提升企业实力。

3.1.2 对外直接投资技术创新效应的理论分析

3.1.2.1 技术溢出的产生

一国的对外投资行为会产生技术的溢出效应。母国企业向发展中国家的投资行为会为当地带来技术溢出，向发达国家的投资行为吸取了当地的先进技术成果，会为母国带来逆向技术溢出，从而提升母国企业的技术创新能力，优化自身产业结构达到创新带动效应。

技术的优化升级成为带动经济增长的重要动力，而技术进步则来源于各国对外经济活动中产生的对外投资的技术溢出效应。知识技术是没有物质形态的，这就造成大多数新研发的创新技术会因为各种原因和方式被外界所知，在激烈的市场竞争中，参与者们总可以通过知识技术模仿、逆向工程、专利交易等方式来获得他人的技术溢出。现如今，以智能技术为主导的新一轮经济全球化正在展开，几乎没有任何一个国家可以完全凭借自己的力量去研究所有的科学技术以及解决所有的技术难题。因为专利的时间性，专利拥有者无法长期占有和垄断所有技术。所以一国应充分的去利用先进的国际技术资源，合法的获取技术外溢，提升本国自主创新能力带动经济增长。理论上，对外直接投资作为当前最主要的国际经济活动之一，它的发展不仅有利于东道国获得母国的技术外溢，同时母国也能从对外直接投资的活动中逆向获取东道国的先进技术。

3.1.2.2 对外直接投资母国逆向技术溢出所带来的技术创新效应分析

本研究主要针对 OFDI 对母国逆向技术溢出所带来的创新效应进行分析与研究。研究表明，可以把对外直接投资的逆向技术溢出效应即创新效应产生作用的原理总结为以下几点：逆向转移技术、反馈研发成果、吸纳研发要素、分摊研发成本等。

1. 逆向技术转移

具体来讲就是一国的跨国公司通过海外并购东道国拥有先进技术、先进研发成果的企业，将竞争者吸收或者转化为合作伙伴，以此来获取被收购方的技术专利，使用其研发成果，吸纳其已有的创新研发能力，以此促进母公司技术的优化升级，借此来达到逆向技术转移的目的。

发展中国家企业开展技术寻求型跨国并购目的在于利用子公司的当地嵌入性接触、学习发达国家先进的科学技术和科学知识，然后再通过子公司进行逆向技术转移从而提高自身的科技知识水平。对于发展中国家的企业来说，由于跨国并购的目标就是获取创造性技术资产，因此，母公司一般都具有一定的学习意愿和较好的接受科技知识的态度，而通过采取跨国并购这种对外直接投资方式，母公司直接取得了对发达国家企业的所有权或控制权，收购而来的这些子公司无论从存量增量科技知识价值还是从转移科技知识技术来看，都具有了一定的技术转移能力。

案例 ……………………………………………………………

2010 年 3 月 28 日，中国浙江吉利控股集团有限公司与美国福特汽车公司正式签署最终股权收购协议，收购福特旗下沃尔沃轿车业务，并获得沃尔沃轿车 100% 的股权及相关资产。吉利用 18 亿美元换回的不仅有沃尔沃轿车的 9 个系列产品，3 个最新平台的知识产权，境外工厂和员工，还有福特公司提供的支持，研发人才以及全球经销商网络和供应商体系。吉利收购沃尔沃，创下了中国收购海外整车资产的最高金额纪录，是国内汽车企业首次完全收购一家具有百年历史的全球性著名汽车品牌，并首次实现了一家中国企业对一家外国企业的全股权收购、全品牌收购和全体系收购。吉利收购沃尔沃被视为中国汽车产业海外并购最具有标志性的事件。

在此案例中，中国是发展中国家，美国是发达国家，且吉利控股集团的技术成果、产业结构和员工配比同沃尔沃公司相差较大。然而吉利控股集团通过海外并购的方式获取了9个沃尔沃轿车的系列产品，3项最新的知识产权以及境外工厂和员工，此外还有福特公司提供的支持，研发人才以及全球经销商网络和供应商体系。吉利汽车成功完成了内部产业结构的优化升级，大大提高了自主创新能力，就是典型的母国公司获取东道国逆向技术溢出的海外投资行为。

2. 反馈研发成果

母国企业在东道国建立子公司，子公司将在东道国学习或研发后产生的新技术回馈给母公司，从而推动母公司的技术创新。有研究表明，海外子公司在东道国当地研发出的新技术更适合东道国的要素，绿地投资正是这种形式的具体体现。绿地投资是国际直接投资（FDI）的主要形式之一，又称为新建投资、创建投资，是指某国企业在东道国境内直接投资建立新工厂、新分部的FDI投资模式。

2016年上半年，中国首次超过美国，成为全球最大绿地投资来源国。对于中国经济“走出去”来说，绿地投资是衡量其成效的一大标准。例如，中国石油在世界多个国家建有子公司，在东道国建立了大量工厂，而若是将在海外获得的油气资源运回国内再加工炼制，成本过高，所以在当地建立炼油厂可以降低成本，提高利润。东道国是欠发达国家的，如莫桑比克，中国石油可以很好地利用当地的廉价劳动力和土地租金，向其转移生产技术；反之，东道国是发达国家的，如俄罗斯、加拿大，中国石油可以学习利用其先进的开采理念和开采设备来提升自己的业务能力。

3. 吸纳研发要素

若能把握好基于要素禀赋和消费者偏好，适应当地市场需求进行技术研发，能够更有效地提升母公司的产品竞争力，开拓更多的海外市场。投资国利用对外直接投资可以直接吸收并利用东道国的研发要素，如吸引高技术人才、研发者和管理者，利用当地的高级研究设备及场所，在一个创新力活跃的环境中及时了解世界先进技术最新动态，把握重点投入研发力度的发展领域，跟进世界先进技术的发展方向。

能否尽快融入当地市场是每个跨国公司都要面临的问题。所以吸纳当地研发要素，把握要素禀赋和消费者偏好至关重要。母国企业在海外投资时一定要将利益最大化，吸引高技术人才、研发者和管理者，利用当地的高级研究设备及场所，以此来提高自身的研发与创新能力。

4. 分摊研发成本

母国企业在东道国进行对外直接投资，拓展了国际消费市场，导致外部规模经济产生，从而降低了单位产品的研发成本，这使得母国企业可以把更多的资金资源用于其他核心项目的研发，开展更多的创新研发活动。在无形之中，东道国就凭借其自身的优势资源帮助了投资国企业分摊研发成本。

例如，华为手机之所以能打开美国市场正是利用了分摊研发成本这一理念，充分运用了当地的人力智力资源开展手机芯片的研发工程，在芯片研发领域获得了成功，成功地开拓了当地市场，并抢占了一定的市场份额，这在一定程度上威胁了当地企业的生存。由于美国政府的保护行为，美国运营商 AT&T 突然宣布取消在美销售华为手机，华为在美国的经营计划最终以失败告终。

3.2 中关村科技园区高新技术企业对外直接投资与技术创新现状分析

目前，中国高新技术企业海外投资势头强劲，在国家“一带一路”建设和有重点地推动对外开放政策的影响下，越来越多的高新技术企业走向海外进军国际市场，海外投资资金投入量迅速增长。在这些企业中，中小型企业是海外投资的主力军，并且呈现出投资范围大、领域广、自身产业结构层次较低的特点。

中国企业海外投资的热点区域80%在欧美等发达国家和地区，以便获取发达国家的先进技术，优化自己的技术。所以，越来越多的高新技术企业通过绿地投资和海外并购的方式来获取被收购企业的先进生产技术和管理方式，来达到自身产业技术优化升级的目的。与此同时，企业更加注重对人才的培养，对技术型人才和管理型人才进行专业培训；加大对科研人员和研发的资金投入，鼓励自主创新，奖励创新行为，自企业内部注入创新动力。

企业因追寻优势区位因素往往会产生聚集效应，这种效应有自发形成的，也有政府扶持的，中关村科技园区就属于后者。中关村是我国科技园区的典型代表。建立专业科技园有利于引导人才、资金和技术向产业基地集中，形成从研发、产业化到规模发展的产业链，有利于创新科技的发展。中关村科技园区聚集了大批高新技术企业，一些实力强大的高新技术企业为寻求创新发展走向国外，开展海外投资。

3.2.1 中关村科技园区发展概况

中关村科技园区又称中关村国家自主创新示范区，是我国第一个国家级高新技术产业开发区，第一个国家自主创新示范区，第一个"国家级"人才特区。目前示范区发展处于创新突破阶段，随着区内主导产业发展质量及持续竞争力的提高，区内骨干企业科技能力增强，大量科技研究中心入驻示范区。世界500强企业中有80多家已在示范区设立了研究开发中心，高科技产品和留学人才不断涌入示范区，自主知识产权技术创新成果开始涌现。示范区逐步形成了以技术创新为源头、以企业市场竞争力为主要驱动力的高新技术开发区。

中关村示范区加快向具有全球影响力的科技创新中心迈进，整体呈现深化改革、引领双创、结构优化、协同发展、辐射全国、链接全球的新特点和新趋势，创新创业活力充分释放，经济发展内生动力显著增强，保持了速度稳、结构优、效益好的良好发展势头，在我国实施创新驱动发展战略、北京落实首都城市战略定位中发挥着重要的引领支撑和辐射带动作用。

近年来，高新技术的发展使示范区经济快速增长。2016年，示范区输出高新技术合同54710项，成交额3067.5亿元，同比增长5.8%。占全市技术合同成交总额的77.8%。约有近八成技术合同流向京外，辐射带动作用增强。成交额每年增幅明显，居全国第一，带动了北京市经济健康快速发展。示范区作为我国高新技术的发源地，在高新技术产业发展上起着重要的先锋导向，带动全国技术创新快速发展。

中关村科技园区成立20多年中，聚集两万多家知名企业；规划调整后占地面积达到488平方千米；从业人员超过158.6万人；拥有以北京大学、清华大学为代表的高等院校40多所；拥有以中国科学院为代表的国家科研院所206所；拥有国家级重点实验室112个，国家工程研究中心38个，国家工程技术研究中心57个，大学科技园26家，留学人员创业园34家；形成了移动互联网和下一代互联网、新一代移动通信、轨道交通、生物和健康、节能环保、卫星应用等六大优势产业集群；形成了集成电路、高端装备与通用航空、新能源、新材料、新能源汽车等四大潜力产业集群和高端发展的现代服务业；拥有“千人计划”人才874人，占北京市的80%；“海外人才聚集工程”人才368人，占北京市的70%以上；上市公司254家，总价值达到30804亿元。

3.2.2 中关村科技园区高新技术企业对外直接投资现状分析

在中国高新技术企业中，中关村科技园区的企业集群成为海外投资的典型代表。早在我国入世之初，园区就将“创新”二字定为发展目标，并一贯秉承创新精神发展至今，在电子与信息、先进制造技术、新能源与高效节能、生物工程与新医药、环境保护技术与新材料技术等六大领域取得了较大成就，为中国由制造大国向制造强国转变提供了强有力的支持。

3.2.2.1 中关村高新技术企业对外直接投资流量变化分析

2007—2016年，因为国家实施“走出去”战略与经济环境利好，中关村科技园区对外直接投资流量迅速增长。园区高新技术企业对外直接投资额在2007年只有7.4亿元，2011年首次突破150亿元达到161.6亿元，五年内呈现出强劲的增长态势，于2016年达到了2513.4亿元。（见表3－1）

表3-1 中关村科技园区高新技术企业对外直接投资额（2007—2016）

年份	2007	2008	2009	2010	2011	2012	2013	2014	2015	2016
OFDI（亿元）	7.4	50.1	75	42.5	161.6	331.9	711.2	1083.3	1650.1	2513.4

数据来源：中关村国家自主创新示范区官网。

2007—2016年园区高新技术企业对外直接投资流量呈现出迅速增长的态势。造成此种态势的原因主要有两方面。

第一，政策方面：自2014年开始，我国政府在对外直接投资的审批环节上大幅简政放权，形成了“备案为主、核准为辅”的管理模式，境外直接投资项下外汇登记改成由银行直接审核办理，一系列的政策开放释放了企业海外投资的潜在活力。

第二，资金方面：2015年下半年，我国放松货币政策，信贷与社融投放总体保持在较高水平，实体经济资金面整体趋于宽松。受国内产能过剩、产业结构调整等影响，加之全球经济尚处于复苏期，优质低估值企业较多，促使优秀的中国企业将目光投向国际市场。人民币汇率波动方面，受2015年“8·11”汇改、美联储加息的影响，人民币汇率处于贬值通道之中，出于远期对人民币汇率的担忧，促使企业加强海外优质资产的配置以抵御风险。

3.2.2.2 中关村科技园区高新技术企业建立境外分支机构数量变化分析

表3-2 中关村科技园区高新技术企业建立境外分支机构数量（2007—2015）

年份	2007	2008	2009	2010	2011	2012	2013	2014	2015
境外分支机构数量（个）	62	249	215	305	271	457	554	571	628

数据来源：中关村国家自主创新示范区官网。

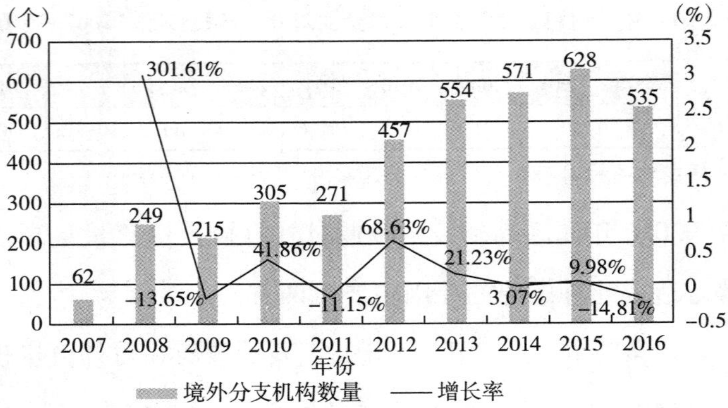

图 3-1　中关村科技园区高新技术企业建立境外分支机构数量及增长率（2007—2016）

数据来源：中关村国家自主创新示范区官网。

如图 3-1 所示，2007—2016 年的 10 年间，中关村科技园区高新技术企业建立境外分支机构的数量呈波动增长态势。

在国家政策的支持下，中关村科技园区逐渐发展壮大。近 10 年间，不断有高新技术企业加入中关村。在建设创新型国家的潮流中，越来越多的企业开始重视技术与产品的创新研发。这些企业意识到了研发投入的增加对于企业开展创新活动的重要性，开始重视人才的引进与培养，开始在海外投入大量研发资金建立境外分支机构以便得到逆向技术溢出，如百度、京东方、万达和华为等。

企业的境外分支机构主要有三种类型：分公司、子公司与研发中心。其中，研发中心是主要从事创新研发工作的机构，一般设立在智力资源丰富、科技发达、交通便利等具有优势区位因素的地带，如美国硅谷。进驻硅谷建立研发中心的中国企业有联想、阿里巴巴、华为、小米、百度、腾讯等，这些企业依托硅谷的优势资源，吸纳先进技术，引入新的研发成果，大力发展技术创新来促进企业的发展，这无疑是成功的。

3.2.2.3 中关村科技园区高新技术企业海外并购状况分析

在国际化快速发展的今天，中关村科技园区坚持创新驱动发展战略，积极响应“一带一路”倡议，坚持“引进来”和“走出去”，园内高新技术企业加快海外布局，跨国并购成为企业海外布局获取全球先进技术资源，完善企业创新机制，提高企业全球竞争力的重要方式。同时，园区还通过搭建国际孵化和资本运营平台，加快整合国际资源。

表 3-3 中关村科技园区高新技术企业海外并购数量（2010—2016）

年份	2010	2011	2012	2013	2014	2015	2016
海外并购数量（个）	4	9	14	14	21	37	52

数据来源：中关村国家自主创新示范区官网。

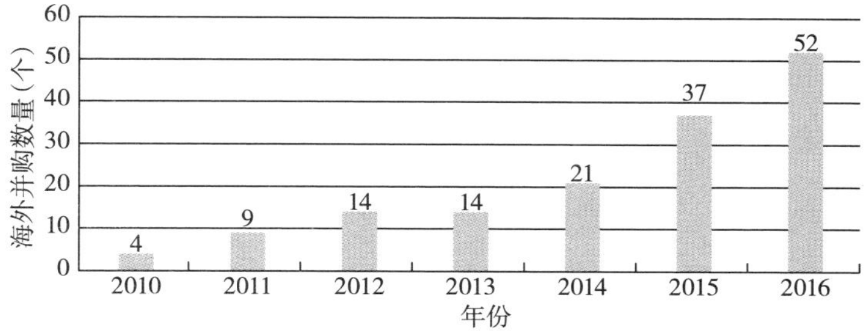

图 3-2 中关村科技园区高新技术企业海外并购数量（2010—2016）

数据来源：中关村国家自主创新示范区官网。

如表 3-3、图 3-2 所示，2010—2016 年的 7 年中，园区企业海外并购数量由个位数增长至 2016 年的 52 个，呈现波动增长态势，企业国际竞争力增强。园区企业的国际化战略不仅是产品输出，更是全产业链上的国际发展布局。2016 年，中关村科技园区高新技术企业发起的境外并购案例 52 起，较上年增加 15 起；并购金额为 685.6 亿元，同比增长 15.7%。

3.2.3 中关村科技园区高新技术企业技术创新能力分析

3.2.3.1 中关村科技园区高新技术企业总体创新能力分析

在“十二五”期间，中关村国家自主创新示范区加快了建立具有全球影响力科技创新中心的速度，大力发展科技创新，加大研发项目的资金、研发人员的投入，重视创新型人才的引进与培养，成为我国发展创新创业的引领者。其中，创新科技人员的投入量由2007年的34万人增长至2016年的65.7万人，10年内增长两倍，增长率达93.2%；创新科技活动经费由2007年的332.6亿元增长至2016年的1972.4亿元，增长速度较快。

1. 技术创新研发投入分析

如表3-4、图3-3所示，2007—2016年的10年间，中关村科技园区高新技术企业在创新研发领域投入越来越多，资金投入和人员投入呈稳步增长态势。企业创新积极性逐步提升，创新投入力度持续加大。2016年，创新科技活动经费达到1972.4亿元，同比增长11.1%；创新科技人员投入量65.7万人，同比增长8.7%。10年间，园区高新技术企业投入大量资金在国内外建立研发中心，购买国外先进技术和研发成果；培养和引进创新型人才，人才投入增多。例如，百度不断加大在图像识别、语音识别、大数据云计算以及人工智能技术领域的研发投入，居2016年中关村企业创新投资榜首，处于同行业市场领先地位。

表 3－4 中关村科技园区高新技术企业创新科技活动投入（2007—2016）

年份	创新科技人员投入量（万人）	创新科技活动经费（亿元）
2007	34	332. 6
2008	32. 1	557. 9
2009	32. 2	638. 7
2010	30. 7	710. 5
2011	35. 9	877. 9
2012	40. 2	1030. 5
2013	50	1319. 8
2014	53. 2	1540. 5
2015	60. 5	1776. 1
2016	65. 7	1972. 4

数据来源：中关村国家自主创新示范区官网。

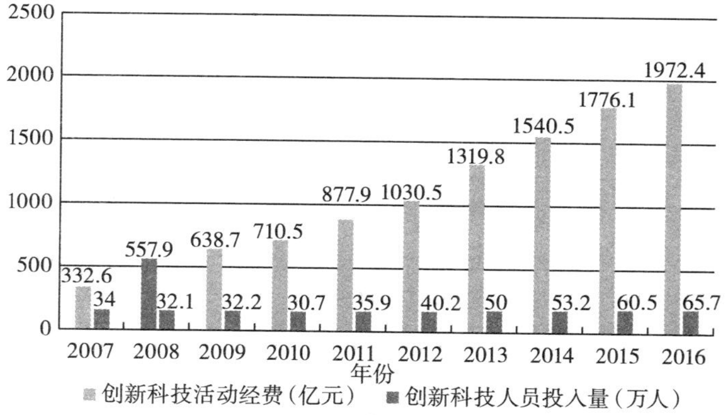

图 3－3 中关村科技园区高新技术企业创新科技活动投入（2007—2016）

数据来源：中关村国家自主创新示范区官网。

2. 国内专利产出分析

中关村科技园区高新技术企业通过海外投资获得逆向技术溢出，通过学习和利用先进技术与研发成果，企业的自主创新能力不断提升。如表 3－5 所示，园区高新技术企业专利申请量在 2016 年达到

69217 件，同比增长 14.2%；同年专利授权量为 36336 件，同比增长 4.0%。两项指标分别占北京市比重 36.6% 和 6.1%。如图 3－4 所示，园区高新技术企业创新产出率在 2007—2016 年稳步增长，园区内专利申请量与授权量快速增长。

表 3－5　中关村科技园区高新技术企业专利申请量与授权量（2007—2016）

年份	中关村企业专利申请量（件）	中关村企业专利授权量（件）
2007	6967	3046
2008	16547	4305
2009	14668	6362
2010	14806	8843
2011	21866	12578
2012	28159	15407
2013	37782	20991
2014	43793	22960
2015	60603	34946
2016	69217	36336

数据来源：中关村国家自主创新示范区官网。

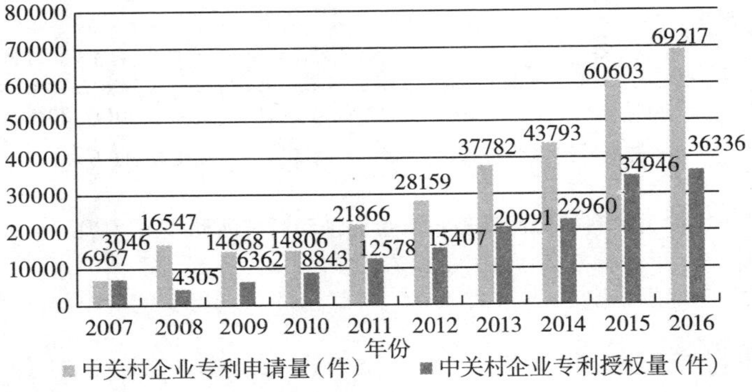

图 3－4　中关村科技园区高新技术企业国内专利申请量与授权量（2007—2016）

数据来源：中关村国家自主创新示范区官网。

3. 海外专利产出分析

园区领军企业加大 PCT 专利申请，抢占全球竞争优势。例如，京东方 2016 年以 1673 件 PCT 申请位列全球第八，较上年同期增长 36.3%，与中兴通讯、华为成为跻身 Top10 榜单的三家中国企业。

如表 3－6 所示，2007—2010 年，园区高新技术企业申请 PCT 专利数量均未过百，可见当时中关村在科技创新方面投入不足。自 2011 年后，园区高新技术企业 PCT 专利年申请量快速增长，2012 年达到 1736 件，比上一年增长约 5.4 倍；2016 年突破 3000 件大关，达到 3187 件，同比增长 10.7%，其中 1—11 月，园区企业申请 PCT 专利 2905 件，同比增长 11.1%，占同期全市 PCT 专利申请量的 50.2%。标准方面，截至 2016 年 11 月，园区企业和产业联盟已发布标准 6146 项，其中国际标准 229 项。由此可见园区高新技术企业加快转型升级步伐，推进产业迈向高端。

表 3－6　中关村科技园区高新技术企业 PCT 专利申请量（2007—2016）

年份	2007	2008	2009	2010	2011	2012	2013	2014	2015	2016
PCT 申请专利量（件）	19	37	58	97	319	1736	2155	2394	2781	3187

数据来源：中关村国家自主创新示范区官网。

3.2.3.2　中关村科技园区高新技术企业技术创新指标分析

1. 发明专利授权率指标

（1）指标设计

$$发明专利授权率 = 发明专利授权量（件）/发明专利申请量（件） \quad (3-1)$$

表 3－7　中关村科技园区高新技术企业发明专利数量（2007—2016）

年份	发明专利申请量（件）	发明专利授权量（件）	发明专利授权率
2007	4962	1093	22%
2008	12842	1834	14%
2009	9109	2566	28%
2010	9128	2890	32%
2011	12802	4992	39%
2012	17388	6120	35%
2013	22506	6628	29%
2014	26413	7716	30%
2015	37843	12818	34%
2016	41127	14782	36%

数据来源：中关村国家自主创新示范区官网。

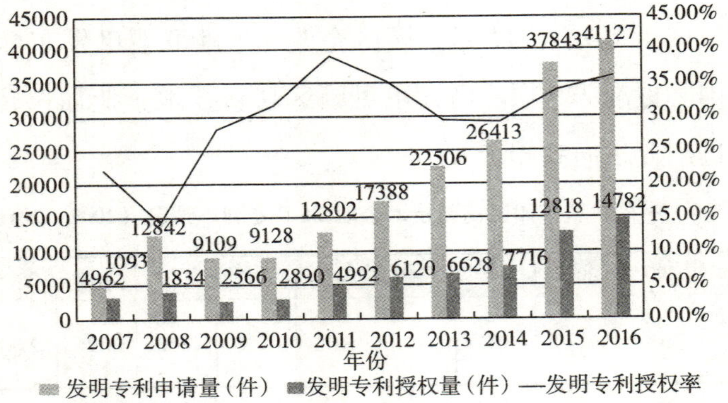

图 3－5　中关村科技园区高新技术企业发明专利数量（2007—2016）

数据来源：中关村国家自主创新示范区官网。

（2）指标分析

发明专利授权率由同一年的发明专利授权量/发明专利申请量得到，主要衡量发明申请中授权的比例，代表发明专利质量。2016 年以来，在国家创新驱动发展战略、北京加强全国科技创新中心建设的背景下，中关村科技园区的科技创新优势不断凸显。在发明专利方面，如表3-7所示，2016年，园区发明专利申请量达到41127件，同比增长8.7%；发明专利授权量14782件，同比增长15.3%。如图3-5所示，园区发明专利授权率呈波动式增长态势，2011年授权率高达39%，2013年降至29%，后波动上升至2016年的36%，相比2007年的22%，发明专利申请质量大幅提升。

2. 国际专利产出率指标

（1）指标设计

国际专利产出率 = PCT 专利申请量（件）/创新科技活动经费（亿元） （3-2）

（2）指标分析

国际专利产出率由同一年的PCT专利申请量/创新科技活动经费得到，是衡量企业国际创新竞争力的权威指标，是中国高新技术企业参与国际竞争，争取国际市场的重要工具。通过计算我们可以看出，如表3-8、图3-6所示，2011年之前园区PCT专利申请量未过百，2011年突破100件达到319件。2012年党的十八大提出实施创新驱动发展战略，把科技创新摆在国家发展全局的核心位置。有了政策性支持，园区企业的创新能力明显提升，PCT专利申请量在2012年大幅增加，达到1736件，同比增长近4.5倍，此后至2016年PCT专利申请量稳步增长。创新科技活动经费方面2007—2016年呈逐年增长态势，与PCT专利产出量呈正相关。

表3-8 中关村科技园区国际专利产出率（2007—2016）

年份	PCT 专利申请量（件）	创新科技活动经费（亿元）	国际专利产出率
2007	19	332.6	5.7%
2008	37	557.9	6.6%

续表

年份	PCT 专利申请量（件）	创新科技活动经费（亿元）	国际专利产出率
2009	58	638.7	9.1%
2010	97	710.5	13.7%
2011	319	877.9	36.3%
2012	1736	1030.5	168.5%
2013	2155	1319.8	163.3%
2014	2394	1540.5	155.4%
2015	2781	1776.1	156.6%
2016	3187	1972.4	161.6%

数据来源：中关村国家自主创新示范区官网。

图 3-6　中关村科技园区国际专利产出率（2007—2016）

数据来源：中关村国家自主创新示范区官网。

3. 研发国际化程度指标

（1）指标设计

研发国际化程度 = PCT 专利申请量（件）/发明专利申请量（件）　　(3-3)

表 3-9　中关村科技园区研发国际化程度（2007—2016）

年份	PCT 专利申请量（件）	发明专利申请量（件）	研发国际化程度
2007	19	4962	0.004

续表

年份	PCT专利申请量（件）	发明专利申请量（件）	研发国际化程度
2008	37	12842	0.003
2009	58	9109	0.006
2010	97	9128	0.011
2011	319	12802	0.025
2012	1736	17388	0.099
2013	2155	22506	0.095
2014	2394	26413	0.091
2015	2781	37843	0.073
2016	3187	41127	0.077

数据来源：中关村国家自主创新示范区官网。

（2）指标分析

研发国际化程度由同一年的PCT专利申请量/发明专利申请量，用于反映企业国际技术创新能力和国际技术竞争力。如表3－9所示，2007—2016年的10年内，中关村科技园区高新技术企业PCT专利申请量与国内发明专利申请量差距较大，研发国际化程度指标较低。这就反映出园区企业国际技术创新能力明显不足，与发达国家的科技创新水平相差较大。2011年之前园区PCT专利申请量均不足100件，2016年达到3187件，说明园区企业日渐重视创新的国际化。但此数字为整个园区申请量，目前仅美国英特尔公司一家PCT专利申请量就达到2637件，可见中关村科技园区科技创新能力仍有提升空间。

3.3 中关村科技园区高新技术企业海外直接投资技术创新效应的实证分析

3.3.1 计量模型和变量的选取

技术创新能力体现为创新成果即专利的产出，既包括海外专利产出，也包括中国专利产出。为了更好地分析中关村科技园区高新技术企业对外直接投资对技术创新能力的影响，我们选择最能代表企业国际竞争力的海外专利产出作为计量指标，同时考虑创新科技活动经费投入量和科技人员投入量的影响。建立计量模型如下：

$$Y_t = \alpha + \beta_1 X_{1t} + \beta_2 X_{2t} + \beta_3 X_{3t} + \beta_4 Y_{t-1} + \varepsilon_{it} \tag{3-4}$$

式中，因变量：Y——PCT，表示园区高新技术企业海外 PCT 专利申请量。

自变量：X_1——OFDI，表示园区高新技术企业对外直接投资额。

X_2——R&D，表示园区高新技术企业创新科技活动经费投入量。

X_3——H，表示园区高新技术企业创新科技人员投入量。

3.3.2 数据来源

本章所采用的全部数据主要来源于中关村国家自主创新示范区官网。

海外 PCT 专利申请量（PCT）：选取 2007—2016 年共计 10 年的园区高新技术企业 PCT 专利申请量作为实证样本。

对外直接投资额（OFDI）：选取 2007—2016 年共计 10 年的园区

高新技术企业对外直接投资额为实证样本。

创新科技活动经费投入量（R&D）：选取2007—2016年共计10年的园区高新技术企业创新科技活动经费投入量为实证样本。

创新科技人员投入量（H）：选取2007—2016年共计10年的园区高新技术企业创新科技人员投入量为实证样本。

3.3.3 回归结果分析

3.3.3.1 变量统计特征

从变量统计特征可以看出，因变量 Y（PCT）的最小值为19，最大值为3187，平均值为1278，方差较大。自变量 X_1（OFDI）的最小值为7.4，最大值为2513，平均值为662.65，方差较大。自变量 X_2（R&D）的最小值为332，最大值为1927，平均值为1075.69，方差也较大。自变量 X_3（H）的最小值为30.7，最大值为65.7，平均值为43.45，方差较小，数据较平稳（见表3-10）。

表3-10 变量特征表

	X_1	X_2	X_3	Y
Mean	662.6500	1075.690	43.45000	1278.300
Median	246.7500	954.2000	38.05000	1027.500
Maximum	2513.400	1972.400	65.70000	3187.000
Minimum	7.400000	332.6000	30.70000	19.00000
Std. Dev.	848.1727	553.3812	12.90368	1293.387

3.3.3.2 变量相关性分析

从变量的相关系数表中可以看出，自变量 X_1（OFDI）、X_2（R&D）、X_3（H）与被解释变量 Y（PCT）是显著相关的（1%显著性水平上）。其中，变量 X_1（OFDI）与 Y（PCT）的相关系数为0.9007，相关性很强；变量 X_2（R&D）、X_3（H）和被解释变量 Y（PCT）的相关系数分别为0.9639、0.9669，相关性也很强。（见表3－11）

表3－11 相关系数表

	X_1	X_2	X_3	Y
X_1	1.000000			
X_2	0.937436 * * *	1.000000		
	(7.615748)			
X_3	0.964000 * * *	0.966861 * * *	1.000000	
	(10.25420)	(10.71162)		
Y	0.900700 * * *	0.963868 * * *	0.966974 * * *	1.000000
	(5.863984)	(10.23440)	(10.73078)	

3.3.3.3 回归分析

在回归分析中，加入滞后项，主要是因为海外投资通过建立研发中心或者并购等方式产生的创新效应具有滞后性，此处选择滞后一期。从模型回归结果可以看出，自变量对因变量均有显著性的影响。可决系数R方为0.974，调整后的可决系数为0.948，说明模型的拟合度非常好。模型的F检验值为37.82，对应的P值接近于0，说明模型估计非常显著。具体来说，OFDI的系数为1.57，即OFDI每增加1%，会相应使得PCT增加1.57%；R&D的系数为1.44，在10%显著性水平上对因变量具有显著的正向影响，即R&D每增加1%，会相应地促进因变量 Y 增加1.44%；H的系数为－8.89，在10%显著性水平上对因变量具有显著的负向影响，说明 X_3 每增加1%会相应地使得因变量 Y 减少8.89%，效果显著。（见表3－12）

表 3-12 模型回归结果

Variable	Coefficient	Std. Error	t-Statistic	Prob.
$\ln X_1$	1.574828	0.729149	2.159817	0.0969
$\ln X_2$	1.443203	2.418856	0.596647	0.5829
$\ln X_3$	-8.887129	3.416488	-2.601247	0.0600
$\ln Y_{-1}$	0.618234	0.398814	1.550184	0.1960
C	17.06803	13.75243	1.241092	0.2824
R-squared	0.974240	Meandependentvar	6.324919	
AdjustedR-squared	0.948481	S.D. dependentvar	1.827328	
S.E. ofregression	0.414764	Akaikeinfocriterion	1.377965	
Sumsquaredresid	0.688115	Schwarzcriterion	1.487534	
Loglikelihood	-1.200842	Hannan-Quinncriter.	1.141515	
F-statistic	37.82054	Durbin-Watsonstat	2.523315	
Prob (F-statistic)	0.001956			

$$Y_t = 17.068 + 1.575 X_{1t} + 1.443 X_{2t} - 8.887 X_{3t} + 0.618 Y_{t-1} \quad (3-5)$$

对变量进行相应的异方差检验，F 统计值为 1.3289，相应的 P 值为 0.395，检验结果接受原假设，即模型不存在异方差。（见表 3-13）

表 3-13 残差检验（异方差）

HeteroskedasticityTest：Breusch-Pagan-Godfrey			
F-statistic	1.328953	Prob. F（3，6）	0.3948
Obs * R-squared	5.135602	Prob. Chi-Square（3）	0.2737
ScaledexplainedSS	0.865679	Prob. Chi-Square（3）	0.9294

3.3.4 研究结论

通过中关村科技园区高新技术企业对外直接投资对海外 PCT 专利申请之间关系的影响分析，可以得出，近年来园区企业高速增长的对外直接投资额对海外专利申请具有积极的正向影响；园区内不断增加的创新科技人员投入对海外专利产出也具有显著的正向影响。这主要是因为：第一，向技术发达国家进行对外直接投资可以获得逆向技术溢出，企业通过学习和使用这些因投资行为产生的逆向技术溢出来提升自己的创新研发能力，企业自身研发水平提高会带动本企业的技术创新，因而使得 PCT 专利申请量增加。第二，创新科技人员是企业开展创新活动的主要力量，培养、吸引创新型人员的加入对企业科学技术的革新起重要的推动作用。

分析中还发现，创新科技研发资金投入对海外专利申请量的影响并不显著。主要是因为目前中关村科技园区高新技术企业海外创新的数量依然有限，目前的研发资金投入数量虽然持续增加，但总量的增加并不一定带来重点领域的突破，研发资金的投入应该提高资金使用效率，向重点有突破的关键领域倾斜。

3.4 中关村科技园区高新技术企业海外直接投资促进创新能力提升的对策建议

高科技企业的生产本身就是技术创新研发活动及创新成果产出，企业提升自己的创新研发能力是建立国际市场竞争优势的前提条件，提高企业的自主创新水平则是园区的建立初衷与发展动力。现提出如下建议：

3.4.1 制定园区创新总体提升战略

高科技园区能否引领中国乃至世界的创新潮流，抢占技术创新的制高点是关键。根据创新指标分析我们可以看出，中关村科技园区高新技术企业整体海外专利申请量较少，相比于国内发明专利的授权量，园区企业的海外创新实力明显不足，2016 年园区整体 PCT 专利申请量只有3187件，且主要集中在电气工程领域的数字通信、计算机技术、电气工程和仪器领域的医疗技术四个技术领域。一方面，为了改变海外创新实力弱的状况，提高我国高新技术企业的国际竞争力，我们要继续鼓励支持企业“走出去”积极开展海外投资，开展跨国经营；另一方面，为了形成技术创新关键领域的突破，应该针对当前园区发展的优势和潜在优势行业制定关键领域创新总体提升战略，支持重点企业开展跨国投资经营包括并购、新建等活动。重点支持相关行业企业的发展，对区域经济发展乃至全国高新技术产业的发展起到带动作用，促进创新驱动增长。创新总体提升战略不仅应在园区层面提出，从企业层面提出并建立也具有积极意义。创新战略可以使企业有明确的发展目标，立足于建立具有创新优势的国际化企业，创新战略规划的指引可以起到积极的引导和规范作用。

3.4.2 建立园区企业海外战略联盟

中关村科技园区高新技术企业多年来积极开展海外投资，但目前的海外投资活动依然比较分散。如果希望能够在整体创新和国际化经营能力上有更大的突破和提升，结盟和团队合作势在必行。在海外投资的园区企业应该建立起产业联盟，基于合作各方的市场优势，实现优势互补，通过企业间互相协作和资源整合共同寻求重点领域的技术创新突破，开展研发活动，应对共同的竞争者，将业务推向新领域。这样有利于降低研发成本、分担研发风险，进行研发资源互补，发挥集团优势，有效缩短研发周期，通过产业联盟力量加快了成员企业进入国际市场的进程，从而达到共同发展提高创新实力的目的。中关村科技园区内集聚了大量的创新型中小企业，在园区内建立企业战略联盟也可以有效地降低创新型中小企业进入市场的门槛，提高园区内创新型中小企业创新的成功率。

3.4.3 重视创新型人才的引进与培养

企业创新活动中创新型人才的参与和劳动是核心。创新人才是企业研发活动的主体，没有大量的掌握尖端技术的研发人员，就无法研发出世界顶尖的创新成果。通过实证分析结果我们可以看出，创新科技人员投入量对海外 PCT 专利申请量产生正向积极的影响，有较强的相关性。创新型人才投入的增加，使得海外专利申请量增加，企业海外创新能力和国际竞争实力也随之增强。中关村科技园区一方面需要采用优惠政策，如人才落户政策、人才培养政策、人才创业扶持政策等，以此来吸引人才加入。另一方面要给予创新型人才良好的发展空间和福利环境，如在创业方面，建立创新通道，提供风险评估，提供创业孵化服务，发挥园区企业孵化器的作用，以此来鼓励创新。此外，中关村科技园区应加大人才培养力度，建立人才培养机制，如核心人才评价机制、培养机制、激励机制、使用机制等，以此来吸引创新型人才。

3.4.4 对海外投资和海外创新提供政策性支持

高新技术企业海外的投资以及创新活动往往面临较大的风险，资金投入量也比较高，研发周期通常也比较长，这是相比其他行业企业的不同之处。因此，需要给予更多政策上的倾斜和支持。在创新激励政策方面：一方面，应该为企业创新尤其是海外创新提供政策扶持。例如，国际专利的申请往往费用较高，对于积极进行海外专利申请的高科技企业应进行创新补贴，以提高企业创新申请的动力，还可以在高新企业认定中对于积极申请并取得海外专利授权的企业给予便利和优惠政策。另一方面，在海外投资的资金支持方面，应该对参与海外投资的高新技术企业给予投资政策便利，对积极开展海外投资活动，如跨国并购、建立海外研发中心的企业和积极开展创新研发的企业给予贷款、税收等方面的优惠，以此来鼓励高科技企业海外投资。

3.5 小结

本章主要研究中关村科技园区高新技术企业海外投资行为带来的技术创新效应。指出了一国企业在对拥有发达技术的国家进行海外投资活动时会产生逆向技术溢出，其可以为企业带来技术的创新带动效应。阐述了对外直接投资理论与对外投资进入模式，分析了逆向技术溢出的创新效应。收集了园区近 10 年内高新技术企业的对外直接投资流量、建立境外分支机构数量、海外并购数量、国内专利申请量与授权量、海外 PCT 专利申请量、创新科技活动经费投入量与创新科技人员投入量等相关数据。对园区总体创新能力进行分析；设计了三个创新指标，即发明专利授权率指标、国际专利产出率指标、研发国际化程度指标；对园区内高新技术企业海外投资的资金数量、国内外专利申请量与授权量、创新科技活动经费投入量和创新科技人员投入量进行实证分析，以此来证明技术创新带动效应的存在。

主要得出如下结论：

第一，创新现状显示，园区高新技术企业海外投资高速增长，2007—2016 年，对外直接投资额呈上升态势，同时建立的境外分支机构数量与海外并购数量也在不断增加。企业的海外投资行为产生了逆向技术溢出，随着创新科技研发投入的增加，园区高新技术企业国内外专利申请量不断增长，国内外专利产出率得到提高。这说明高新技术企业的创新研发能力得到了提升。

第二，指标设计结果显示，园区高新技术企业发明专利授权率在近 10 年内波动上升，企业的专利申请质量在提高；园区受国家政策影响越来越重视创新研发投入，在研发领域投入的经费快速增加，国际专利产出率得到了提高；在研发国际化方面，高新技术企业海外 PCT 专利申请量远低于国内发明专利申请量，研发国际化程度指标较低，这就反映出园区高新技术企业国际创新能力明显不足，与发达国家的科技创新水平相差较大。

第三，实证部分分析结果显示，园区高新技术企业海外投资的 OFDI 额与创新科技人员投入量对企业申请海外专利 PCT 数量产生正向影响，即投资额越多，创新人才投入越多，PCT 专利申请量越多。高新技术企业通过海外投资获得逆向技术溢出，从而产生创新效应。

4 高新技术产业海外投资的动机分析

当今世界经济的持续繁荣主要归功于经济的全球化发展。自20世纪90年代以来，中国的经济实力和国际地位不断提升，对外直接投资面临前所未有的发展机遇。随着科技的进步，无论是发达国家还是发展中国家都越来越重视高新技术产业的成长，高新技术产业正成为国家的核心产业，对经济的增长有着必不可少的作用。例如，在电子通信、新能源、新材料、航空、生物医药等行业获取技术进步，开发前沿的技术，积极推动了技术创新。本章将着重研究中国高新技术产业对外投资的动机，并将重点关注所在国重要产业的对外投资动机上，而对技术企业对外投资的动机关注很少，这些机会像区位因素、政策等对于企业拟定相关战略都有重大意义。因此，探讨中国高技术产业对外投资动机对我国的经济发展和企业的技术进步有着重要的意义。

本章采用理论、理论与实证研究相结合的方式进行详细探讨。首先从我国高新技术产业现状出发，分别分析了产业规模、R&D活动、进出口贸易、对外投资现状四个方面，然后进行实证分析，以探索本国对外直接投资的动机。中国高科技产业应该提高研发实力，扩展技术领域，增强品牌识别度。同时本章还为中国高新技术产业海外投资提出了政策建议。

4.1 中国高新技术产业现状分析

4.1.1 高新技术产业的概念与界定

中国的高新技术产业起源于20世纪50年，培育了很多高新技术企业和杰出的企业家。中国最早的高新技术企业计划起源于1988年的“火炬计划”，开发高新技术创业服务机构和高新技术开发区是“火炬计划”的重要内容。在“火炬计划”的引领下，全国各省尽力根据当地的状况和特色去创立国家高新技术开发区。至2016年年末国家高新技术开发区营业收入达28.3万亿元，同比增长11.5%；工业生产总值20.5万亿元，同比增长10.3%。

到2017年3月，中国高新技术开发区已经达到157家。虽然高新技术产业的发展面临技术上的挑战，往往很难研发成功，但一旦研发成功，就可以获得巨大的经济利益为社会带来很大的贡献。高新技术产业的发展关键是具有科学技术，并用这种科技可以应用于产品的研发、生产以及投放到市场等一系列工作。高新技术产业主要包括信息技术、生物技术、新材料技术这几大领域。

经济合作与发展组织（OECD）了解到了世界对高新技术的需求，也用研究的强度判定了高新技术产业，并于1994年提出研究（R&D）强度指标界定法，即用R&D总费用（直接R&D费用加上间接R&D费用）除以总产值的比例、直接R&D费用除以总产值的比例和直接R&D费用除以增加值的比例三个标准来定义高新技术产业，亦即将航天航空制造业、计算机及办公设备制造业、电子及通信设备制造业、医药制造业等界定为高新技术产业。世界大多数国家接受这种分类方法。

高新技术产业在中国没有清晰的判定和分类准则，一般是根据产业的技术密集度和难易程度来作为标准判定的。根据2013年国家统计局颁布的《高技术产业统计分类目录》，我国高新技术产业包括医药制造，航空航天器及设备制造，电子及通信设备制造，计算机及办公设备制造，医疗仪器设备及仪器仪表制造，信息化学品制造等6大类。本节在分析中国高新技术产业对外直接投资时将参考中国高技术产业分类。

4.1.2 中国高新技术产业概况

4.1.2.1 中国高新技术产业规模分析

1. 中国高新技术产业主营业务收入

从图4-1中可以看到，2008—2016年，我国高新技术产业主营业务收入呈递增趋势，到2016年主营业务收入超过了15万亿元。

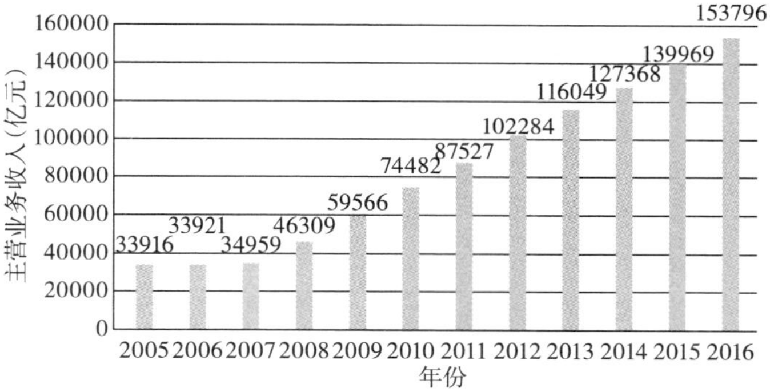

图4-1 中国高新技术产业主营业务收入（2005—2016）

数据来源：《中国高新技术产业统计年鉴》

如图4-2、图4-3所示，从我国高新技术产业主营业务收入的行业布局来看，2016年电子及通信设备制造业主营业务收入比2015

年多出了差不多1个百分点，且占比超过50%，位居第一；医药制造业的比例排名第二，所占比例差不多为1/5，几乎与上年持平；信息化学品制造业在所有行业中比例最小，只有2%；医药制造业与医疗仪器设备及仪器仪表制造业主营业务收入占比没有明显变化；航空、航天器及设备制造业近两年占比基本持平。

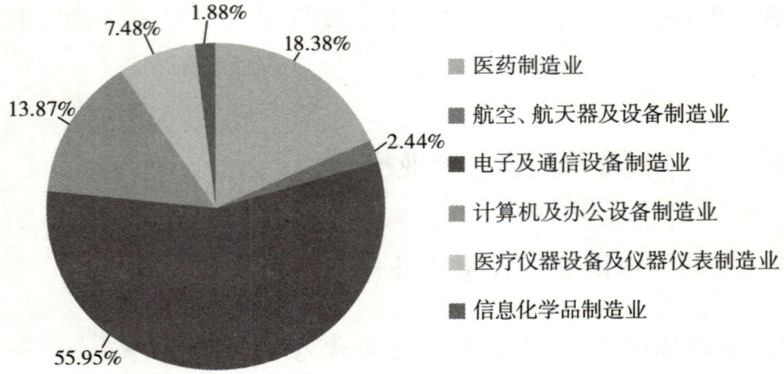

图4－2　2015年中国高新技术产业主营业务收入按行业布局

数据来源：《2015年我国高技术产业发展状况分析》。

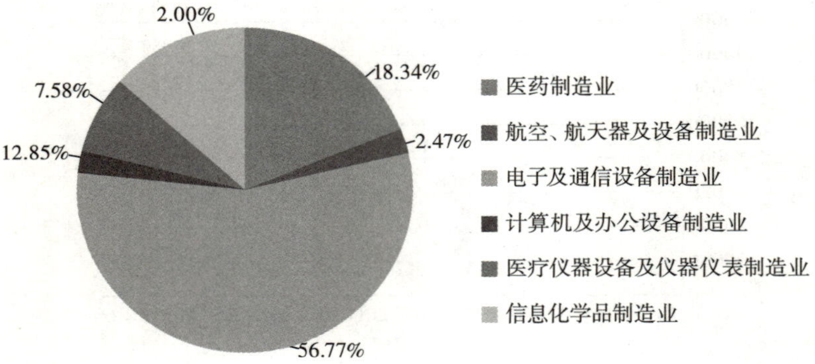

图4－3　2016年中国高新技术产业主营业务收入按行业布局

数据来源：《2016年我国高技术产业发展状况分析》。

2. 中国高新技术产业企业数量

2011年之后，我国高新技术产业企业数量以飞快的速度持续增加，如表4－1所示，在原有的五大行业中，企业数目占据第一的是电子及通信设备制造业，航空、航天器及设备制造业企业数目所占比例最少。综上所述，电子及通信设备制造业企业数量增加速度最快。到了2015年，新出现了信息化学品制造业。

表4－1 中国高新技术产业企业数量按行业分（2011—2016）

单位：家

行业	2011	2012	2013	2014	2015	2016
医药制造业	5926	6387	6839	7108	7392	7541
航空、航天器及设备制造业	224	304	318	338	382	425
电子及通信设备制造业	10220	12215	13465	13973	14634	15383
计算机及办公设备制造业	1313	1387	1565	1629	1695	1725
医疗仪器设备及仪器仪表制造业	3999	4343	4707	4891	5062	5269
信息化学品制造业					466	455
合计	21682	24636	26894	27939	29631	30798

数据来源：《中国高新技术产业统计年鉴》。

3. 中国高新技术产业从业人数

如图4－4所示，我国高新技术产业从业人数从2008年后就表现出增长趋势，且增速很稳定。因为高新技术产业迅猛发展导致越来越多的人选择进入到这个行业。截至2016年，高新技术产业从业人数基本稳定下来。

在从业人员中，从事R&D活动的人数增长趋势如图4－5所示，2008—2012年从事R&D活动人数增长明显，且增速略高于高新技术产业从业人数的增长速度，反映了我国高新技术产业研发创新能力的提高。2008—2016年我国从事高新技术产业人员占制造业及全社会人员的比重均呈平稳的上升势头（见图4－6），相较之下，从事高新技术产业的人员占从事制造业人员的比重增速更快。这种情况体现了我国高新技术产业规模高速增长，以及很多人认可高新技术产业，同时，

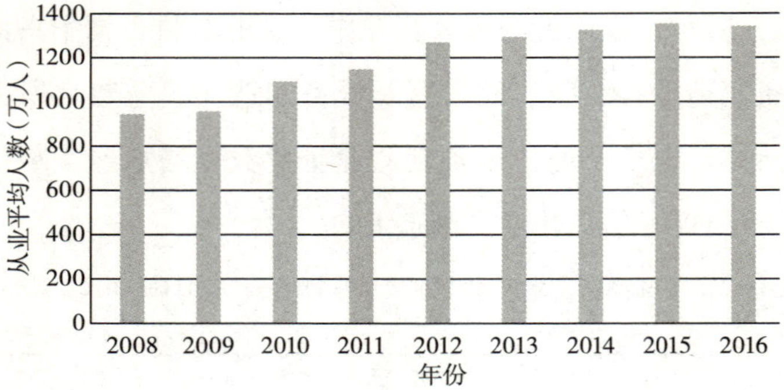

图 4－4　中国高新技术产业从业平均人数（2008－2016）

数据来源：《中国高新技术产业统计年鉴》。

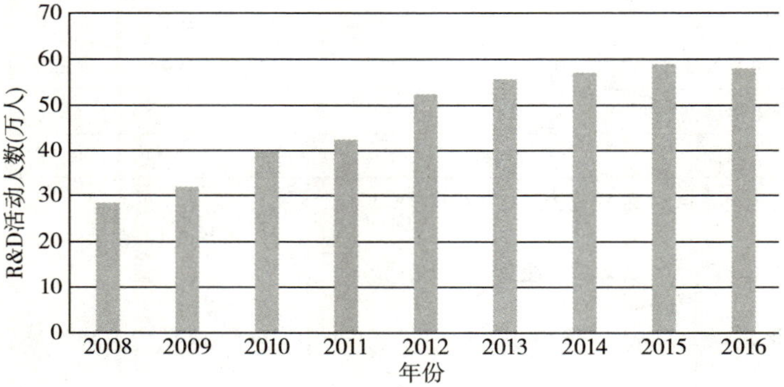

图 4－5　中国高新技术产业 R&D 活动人数（2008－2016）

数据来源：《中国高新技术产业统计年鉴》。

我国的经济和产业的结构布局正在向世界发达国家看齐，高新技术产业在制造业中的比例不断加大，通过鼓励开展高新技术产业，提升和改变传统产业，转变并优化产业结构，经济才能稳定持续发展。

从高新技术产业从业人员布局的行业来看，电子及通信设备制造业从业人员占主导地位，有多于 50% 的人从事着此行业，其次是医药制造业从业人员，而从事航空、航天器及设备制造业的人员在 2015 年前是最少的，2015 年后信息化学品制造业从业人员最少。

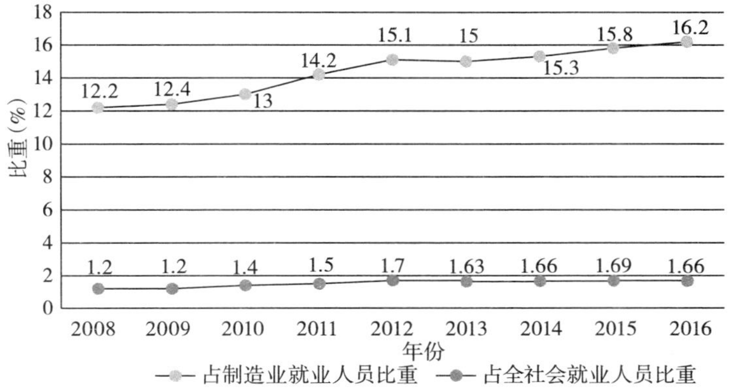

图4-6 中国高新技术产业就业人员占制造业及全社会就业人员的比重（2008—2016）

数据来源：《中国高新技术产业统计年鉴》《中国统计年鉴》。

表4-2 中国高新技术产业从业人员平均人数按行业分（2013—2016）

单位：万人

列1	2013	2014	2015	2016
合计	12936870	13250267	13543225	13418185
医疗制造业	2085498	2159430	2229376	2257372
航空、航天器及设备制造业	339551	365708	387006	402202
电子及通信设备制造业	7482696	7734261	8142256	8122515
计算机及办公设备制造业	1905640	1842440	1467024	1302216
医疗仪器设备及仪器仪表制造业	1123485	1148428	1147356	1154894
信息化学品制造业			170207	178986

数据来源：《中国高新技术产业统计年鉴》。

4.1.2.2 中国高新技术产业R&D活动分析

1. 中国高新技术产业R&D经费支出

自21世纪以来，我国高新技术产业R&D经费支出处于持续快速增加趋势（见表4-3），从2000年的111亿元增加至2016年的2437.6亿元，增加了20多倍，2016年高新技术产业R&D经费支出占全体制造业R&D费用的27%。在高新技术产业的主要行业之中，电子及通信设备制造业的 R&D 费用支出占全部高新技术产业费用的 60%，且高居不下，趋势迅猛；2005 年后，医药制造业的 R&D 经费支出迅速增长，已经有赶超计算机及办公设备制造业的势头；但是医疗仪器设备及仪器仪表制造业的 R&D 经费在 2015 年前是所有行业中是最少的，后来最少的是新出现的信息化学品制造业。

表 4－3　中国高新技术产业大中型企业 R&D 经费支出按行业分（2000—2016）

单位：万元

列 1	2000	2005	2013	2014	2015	2016
合计	1110410	3624985	17343666	19221544	22196591	24376050
医药制造业	135888	399510	2588803	2897090	3262105	3598556
航空、航天器及设备制造业	137932	277969	1671450	1847872	1680023	1714573
电子及通信设备制造业	679441	2347164	10459083	11764875	13790569	15558671
计算机及办公设备制造业	115541	434480	1378372	1421122	1588082	1576677
医疗仪器设备及仪器仪表制造业	41607	165862	1245959	1290585	1503751	1501186
信息化学品制造业					41607	165862

数据来源：《中国高新技术产业统计年鉴》。

2. 中国高新技术产业 R&D 强度

从国家或地区看，R&D 强度代表国家或地区研发投入总量与国内或地区生产总量的比，是全世界常用的反馈某个国家或地区科技投入量的重要指标，高水平的科研投入强度被看作是提升国家或地区创新能力的首要基础。

虽然我国高新技术产业 R&D 经费增长迅速，但 R&D 强度较低且近期涨幅不明显，这将会影响我国企业的创新能力。如图 4－7 所示，2008—2016 年，我国高新技术产业 R&D 强度呈波动的上升态势，几年间 R&D 强度仅从 2008 年的 1.18 增加到 2016 年的 1.58。

4.1.2.3　中国高新技术产业进出口贸易分析

高新技术产业进出口情况可以较好地体现高新技术产业是否成熟

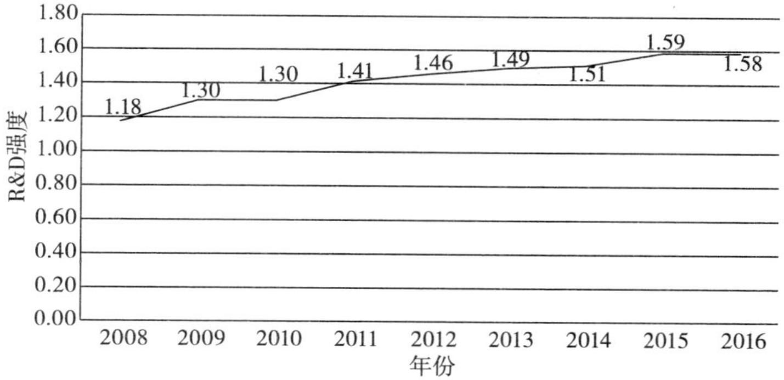

图 4 –7 中国高新技术产业 R&D 强度

数据来源：《中国高新技术产业统计年鉴》。

及其在国际上的影响力。最近 10 年，我国高新技术产业成长迅速，进出口数量增长且增速稳定，给本国的经济带来丰厚的利益。

1. 中国高新技术产业进出口额分析

我国高新技术产业进出口总额基本处于平稳增长的趋势。从表 4 –4 中可以看出，我国高新技术产业进出口总额2011 年超过 10000 亿美元，到了 2013 年，进出口顺差达到了 1021 亿美元；2009 年以后进出口总额迅速增长，2014—2016 年进出口总额出现了连续三年的小幅下降，同时，贸易顺差也在逐年缩小。到了 2016 年，高新技术产业进出口额达到了 11278 亿美元。

表 4 –4 中国高新技术产品进出口概况（2008—2016）

单位：亿美元

项目	2008	2009	2010	2011	2012	2013	2014	2015	2016
出口额	4156. 06	3769. 3	4923. 79	5488	6011. 7	6603	6605	6552. 97	6041. 74
进口额	3418. 2	3098. 53	4126. 55	4632	5068. 6	5582	5514	5492. 91	5237. 24
总额	7574. 26	6867. 83	9050. 34	10120	11080. 3	12185	12119	12045. 88	11278. 98
差额	737. 86	670. 77	797. 24	856	943. 1	1021	1091	1060. 06	804. 5

数据来源：《中国高技术产业数据》。

从我国高新技术产品进出口总额占商品进出口总额的比重来看（见图4－8），截至2009年，该比重平稳上升，但2009年后，比重有着较大的波动，在2009年到达最高点，最高值为31%。总的来说，虽然近些年有波动，但显而易见高新技术产品在我国商品进出口中占据着重要地位，并对商品进出口的发展有着必不可少的作用，这在一方面有助于协助我国改进产业结构，另一方面有助于改善商品贸易的发展。

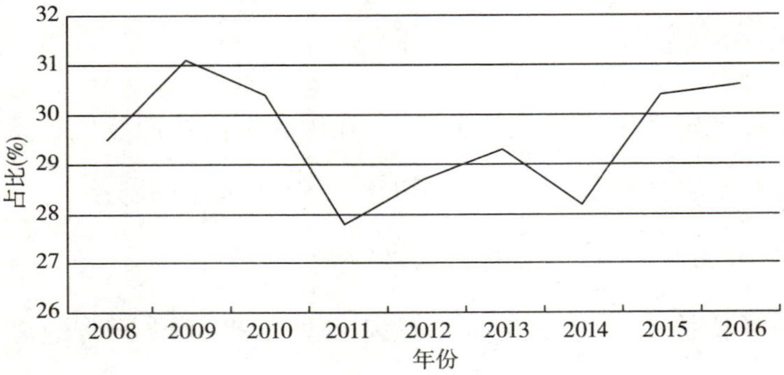

图4－8　中国高新技术产品进出口总额占商品进出口总额的比重（2008—2016）

数据来源：《中国高技术产业数据》。

2. 中国高新技术产业进口市场分析

从全世界高新技术产品进口市场来看（见图4－9），韩国和我国台湾地区是我国高新技术产品进口贸易的重要来源地，2016年韩国在我国高新技术产品进口中占比达到18.9%，其次为我国台湾地区，占比为18.2%，第三名是美国，占比为9.3%，日本的占比为8.4%，排在第四位。

从我国各技术领域高新技术产品进口市场来看（见图4－10），2016年，规模比较大的是电子技术领域，中国台湾地区及韩国、东盟

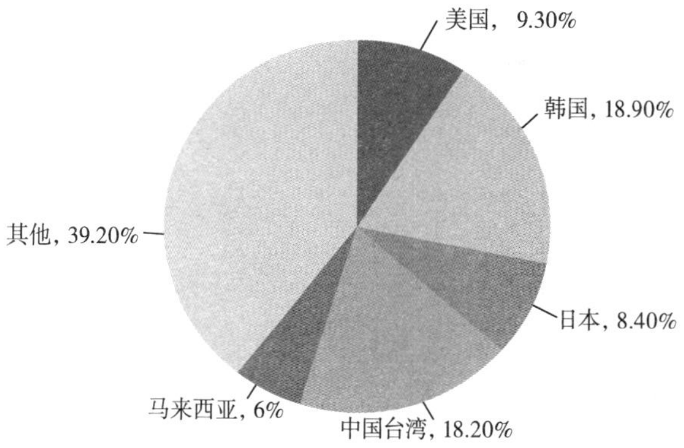

图4－9　2016年中国高新技术产品进口国别和地区比重分布

数据来源：《2016年中国高新技术产业数据》。

为重要来源地，占比分别为29.7%、21%和18.9%；进口额其次的是计算机与通信技术领域，韩国、日本和东盟地区是主要来源地；规模较小的航空航天技术领域，基本只从美国和欧盟地区进口。

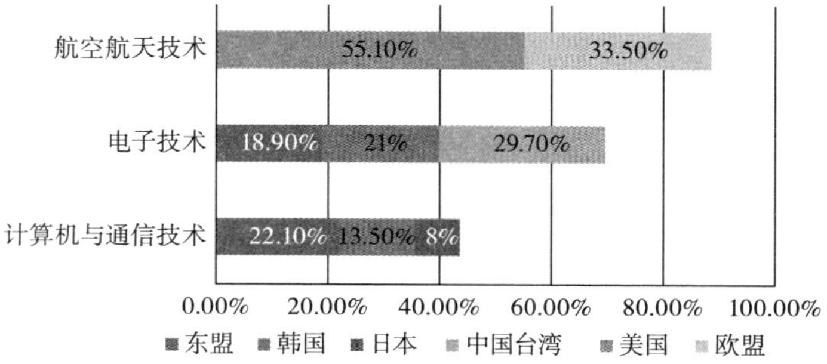

图4－10　2016年中国高新技术产品进口按主要国别和地区分布

数据来源：《2016年中国高新技术产业数据》。

3. 中国高新技术产业出口市场分析

如图4－11所示，我国香港及美国、韩国市场为我国高新技术产品出口的头号市场，分别占据26.1%、18.8%和7%，中国有超过一半的高新技术产品都出口至这三个地区。

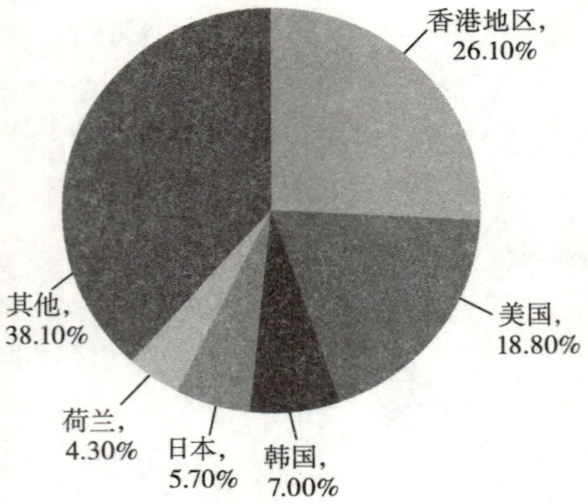

图 4－11　2016 年中国高新技术产品出口按主要国别和地区比重分布

数据来源：《2016 年中国高新技术产业数据》

如图 4－12 所示，我国和香港地区及美国、欧盟几个地区和国家有着良好的贸易关系，在出口时，计算机与通信技术是主导产业，主要出口我国香港地区及美国、欧盟等地区，分别占据 25.7%、22.5% 和 14.8%，出口这三个地区和国家的产品量占据着总出口量的一半；每个高新技术行业出口我国香港地区的产品量都名列前茅。

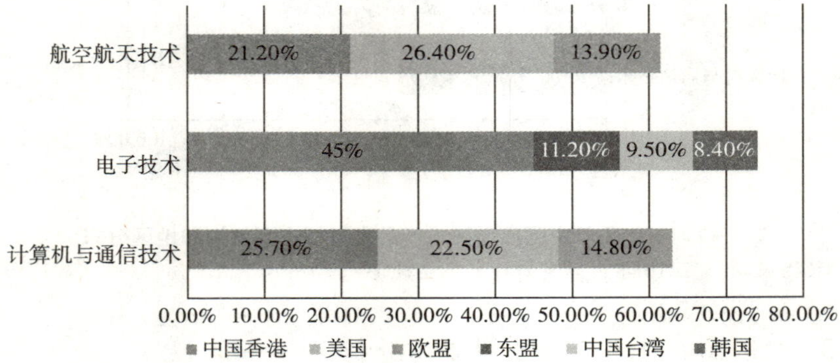

图 4－12　2016 年中国高新技术产品出口按主要国别和地区分布

数据来源：《2016 年中国高新技术产业数据》。

4.1.2.4 中国高新技术产业对外投资现状分析

进入21世纪，随着高新技术产业的不断成长与进步，高新技术产业遍及世界各个国家，技术密集型产业形成了巨大的国际需求和市场，高新技术产业变成全世界投资的焦点。以美国、日本为代表的发达国家已经完成了OFDI产业结构的转型，从资本密集型的重工业投资阶段转变到高新技术产业和服务业投资阶段。中国OFDI产业结构层次和变换速度较为缓慢，中国高新技术产业对外直接投资在1990年才得以实施。在此之后，中国高新技术产品出口始终保持快速上升趋势。根据先有市场之后再有工厂的道理，当本国的高新技术企业对外国的市场已经有一定了解时，中国企业才试探着向外国企业进行直接投资。

高新技术产业已经成为中国发展的主要产业，并对周边地区影响巨大，高新技术产业的发展水平是衡量一个国家科技实力和国际竞争力的主要指标，而本国对外直接投资目前在迅速地发展，在这两个基础之上，中国比以往更加重视高新技术产业的发展和对外直接投资。这些年来，中国高新技术产业对外直接投资额在逐年增长，虽然在2008年因为金融危机的影响，对外直接投资额下降明显，但在2009年之后投资流量爆发式上升，2014年比2013年更是翻了一番。2016年比2015年翻了三番。电子信息产业是中国高新技术产业的代表产业，所以图4-13所示可以一定程度上地代表中国高新技术产业对外投资的现状。

对外投资存量可以展现中国对外直接投资在全球投资中的水平，也可以准确反映出中国与其他经济体的差距，当前中国高新技术产业OFDI与发达国家相比仍然处于较低的水平。图4-14为2008—2016

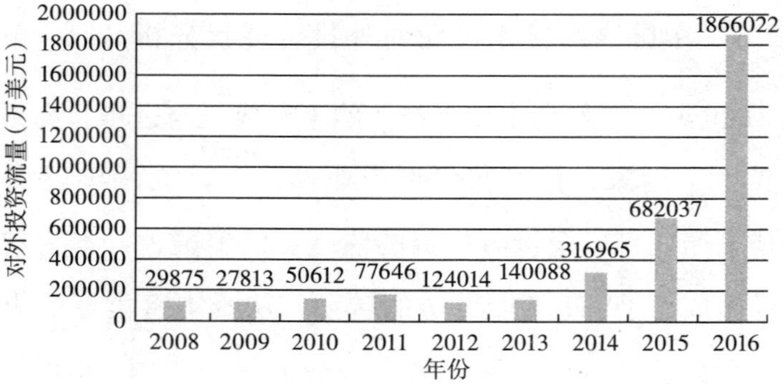

图 4－13　中国电子信息产业对外投资流量（2008—2016）

数据来源：国家统计局。

年中国电子信息产业对外投资存量。因为遭受到 2008 年金融危机，一些国家的对外投资流量在 2009 年出现骤降，本国的对外投资流量基本没有受到影响，从而外国企业流入本国投资减少，而本国的对外投资基本没变，这让中国在 2010 年之后的对外投资存量迅速升高。之后，全球经济逐步回暖，中国高新技术产业对外投资存量也在 2008 年投资存量的基础上稳定升高，到 2015 年中国电子信息产业对外投资存量已经超过 200 亿美元，到 2016 年突破了 600 亿美元。

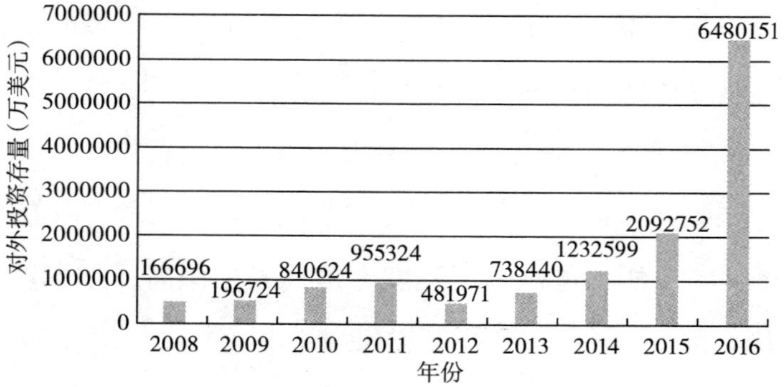

图 4－14　中国电子信息产业对外投资存量（2008—2016）

数据来源：国家统计局。

本节首先概述了高新技术产业，并对高新技术产业的判定准则给出解释。在阐述时，把中国高新技术产业分成航空、航天器及设备制造业、医药制造业、计算机及办公设备制造业、医疗仪器设备及仪器仪表制造业、电子及通信设备制造业以及之后出现的信息化学品制造业。

接下来，从中国高新技术产业规模、R&D 活动和进出口贸易，对外投资现状四个方面研究中国高新技术产业的成长状况，发现中国高新技术产业在近十年的时间迅速发展，产业规模持续增长。中国增加了高新技术产业的 R&D 经费的投入，继续追赶和发达国家的差距。判定高新技术产业是否具有国际竞争力的另一重要标准是进出口现状，中国高新技术产业进出口总量持续增加，计算机与通信技术、电子技术都在中国进出口领域有着一席之地，生物、航天等行业的进出口所占百分比也越来越大，进出口国家和地区以发达国家和地区及中国周围发展中国家为主。根据中国高新技术产业的向下划分的行业来看，中国发展的最好的是电子及通信设备制造业，无论是主营业务收入、企业数量、从业人数等，其都占领了超过一半的市场份额；与此相比，航空、航天器及设备制造业的成长速度就慢很多，仅仅有 1/10 的份额。

最后，本节后半段探究了中国高新技术产业对外投资流量和存量。考虑到本国航空、航天器及设备制造业和医药制造业的投资额比较少，可以忽视，所以主要分析了电子信息产业的对外投资流量和存量，以代表我国高新技术产业的对外投资流量和存量。中国高新技术产业对外投资 2012 年开始成长迅速，且投资流量和存量成长趋势稳定。

综上所述，中国高新技术产业已经超越其他发展中国家，其中生产加工初级的高新技术产品并出口到发达国家是中国正在做的，中国正在变成高新技术产业出口强国。从自主创新情况来看，中国和发达国家相比仍然处在落后水平，在研发能力、技术水平等方面与发达国家有很大的距离，管理经验等战略资产也比较落后。

4.2 中国高新技术产业对外直接投资动机分析

4.2.1 对外直接投资动机类型综述

Makino（2005）研究了近十年日本企业在100多个国家的对外直接投资状况，总结了有关的15种OFDI动机，无论是对发展中国家投资还是对英美这样的发达国家进行投资，日本企业想进入当地市场成为首要目的，但是发展中国家的投资因素中，获取廉价的人力和设立一系列生产线则表现的更为重要，而对发达国家投资中把规避外汇风险、信息搜集、产品开发和规避贸易摩擦放到了比较重要的位置去考虑。（见表4－5）

表4－5　日本企业对外直接投资动机

对发展中国家投资动机	对发达国家投资动机
接近自然资源	跟随客户或联营公司
接近廉价劳动力	规避外汇风险
受到东道国政府的邀请	搜集信息
建立生产网络	产品开发
建立分销网络	进入新的业务
接近东道国市场	建立区域性总部
向第三个国家出口	规避贸易摩擦
反向出口给本国	其他

资料来源：根据Makino（2004）的研究整理得到。

王元龙（1996）把OFDI动机划分为宏观与微观两个方面。对于宏观方面的动机概括为：战后科技革命和生产力的迅速发展为发达国家的对外直接投资活动提供了物质基础、资本国际化和生产关系国际化以及各国政策上的支持。在微观层面，通过探究跨国公司的投资动机，认为投资动机主要为了有追求获取丰厚的利润、扩展世界市场、获取国外的资源与技术、控制并分散风险、利用被投资国政府优惠政策、转移环境污染和全球计划部署等七种。

王跃生（2008）通过梳理OFDI的理论发展，发表了中国企业对外直接投资动机的分析，把投资动机分为低成本驱动型、扩展市场型、获取资源型和获取利润型四种类型。低成本驱动型的OFDI是为了获取海外低廉的劳动力和其他资源；扩展市场型的目的是节约贸易成本，绕开贸易壁垒；获取资源型是为了获得国内稀缺的战略资源；获取利润型则是为了通过对外投资获得丰厚的利益。

黎平海、李瑶（2009）在既有研究的基础上把OFDI动机分为以下四种：获取战略性资产、拓展市场、实现协同效应、多样化经营。实现协同效应指的是，实现在管理、经营、财务方面的协调，降低企业集团整体的运营成本，使得企业资源得到充分的利用并实现长期盈利。多样化经营指的是，企业在其战略布局中采取分散经营的方式来规避风险和实现更大利润，而直接收购东道国公司相对于绿地投资来讲是分散经营的合理选择。

4.2.2 中国高新技术产业对外直接投资动机类型

根据以上OFDI动机类型的综述，考虑到我国的实际状况，我们将中国高新技术产业对外直接投资动机划分为三类：市场寻求型、战略资产寻求型和资源寻求型。

4.2.2.1 市场寻求型

企业想要扩大产品市场，一般会选择进入水平相当的国家，目的是打入这些国家或和与其有合作关系的国家的市场，企业设立分支在东道国，可以更好地了解本地的客户，从而把最好的产品提供给当地居民。一般情况下，这些市场的需求都由出口来满足，后来，因为被投资国家政府出台关税限制政策，企业进入市场出现问题且成本提高。企业为了避免贸易壁垒，在当地市场赚到的收益大于当地生产的成本时，开始展开对外直接投资。有时候，需要满足国外的市场，企业不一定向当地直接投资，而是在第三方国家建立附属公司，将产品出口到该市场。企业在海外进行投资，可以更好地获取当地的一些有用的最新信息，进而找到新的商机。与此同时，企业会通过在东道国的大力宣传来提高自己在当地的知名度，进入东道国市场，随着企业知名度的提升，逐渐进入其他国际市场。

跨国公司的市场寻求型对外直接投资有时发生在其希望保持或维护特定存在的市场时，一些时候在开发新市场时也有体现。企业进行对外直接投资除了市场大小这个主要原因外，还有四个方面的原因。第一，企业的重要供应商和客户都在东道国开始了投资，企业需要维护这些业务，需要跟随主要供应商和客户到海外进行投资。第二，任何国家的市场对于产品的特殊偏好和需求都有一定的区别，企业不可能一次生产出满足所有消费者的产品，所以必须针对特定的市场做出改变。第三，一些企业的出口成本比较高，通过出口满足市场需求的成本高于其在东道国投资的成本，所以向外国出口是不合适的。第四，作为跨国公司，会有很多的竞争对手，这就需要企业从市场计划与生产配置等方面对其竞争对手予以回击。

当企业展开对外直接投资时，市场因素是企业考虑是否投资的重要因素之一，就东道国市场来说，发达国家具有稳定且具有战略计划的市场，而发展中国家则拥有庞大且迅猛发展的市场。潜力大的市场会成为跨国公司设立子公司的目标。虽然中国具有庞大的国内市场，但很多企业在开展对外直接投资时仍然会选择具有高性价比的市场，高新技术产业也是一样的道理。例如，TCL 公司进入东南亚和收购德国施耐德公司以及法国汤姆逊公司等一系列业务，华为公司在欧洲的发展，主要原因都是寻找市场。

4.2.2.2 战略资产寻求型

战略资产寻求型的企业展开 OFDI 的动机是获取通过货物贸易难以完成的各类资源和能力，这些资源和能力可以让企业在行业中占得上风，比如特定的技术、和行业相关的人才、经营管理经验、对销售网的控制、有优势的成本等。战略资产寻求型对外直接投资涵盖了以下四个方面：首先，企业展开 OFDI，目的是获取相应的专利、和行业相关的人才和一些学习经验；其次，通过在东道国进行投资，企业能够快速精准地发现先进的技术和有关的学习材料；再次，当企业正式在外国开始发展，企业能够获取被投资国的客户资源；最后，企业展开对外直接投资的目的是在利用东道国的耳熟能详的品牌去增加自己的产量和商品辨识度，从而走向世界，获得更多利益。中国是发展中国家，在战略资产上与发达国家有着不少的差距，中国企业基本都停留在产品初期的加工阶段，但发达国家的一些企业则有着先进的科技、成型的设计和很强的研发水平，有的甚至有知名的品牌、成熟的销售网络，在产业链中往往能获得更高的收益。所以，在对外直接投资的过程中，特别是高新技术产业的 OFDI，本国比较看重技术水平、品牌影响、销售网络等战略资产。

4.2.2.3 资源寻求型

资源寻求型的企业展开 OFDI 的动机是获取比本国成本价更低的资源或者一些特殊的资源。资源寻求型的企业也可以划分为以下四种类型：第一种是以获取东道国丰富的自然资源为目标的企业，一些展开初级加工和生产的企业都包括在其中，这些企业想要尽可能地降低成本进而进行对外直接投资。第二种资源寻求型企业的投资动机是为了获取当地的劳动资源，以较低的价钱去雇佣劳动力。由于母国的劳动力成本比被投资国高，母国在国外设立附属产业的目标是利用当地廉价的劳动力，来生产加工初级产品或出口一些成品，母国会随着劳动力市场价格的调整来选择新的东道国进行投资。第三种资源寻求型企业的投资目的是和当地的政策相挂钩的，有些国家会给外国企业提供优惠政策，如税收，进入东道国等优惠政策，让投资国企业在东道国进行投资变得更加容易，花费较少的钱。第四种是以获得东道国便宜的原材料为目标的企业，投资国企业通过进行对外直接投资可以获得稳定靠谱的、价格便宜的原材料。

该类型的对外直接投资一般发生在采矿业、制造业等低端产业，而中国高新技术产业对外直接投资的动机一般不是为了获取自然资源。这是中国高新技术产业对外直接投资动机与其他产业对外直接投资动机的不同之处。

4.3 实证分析

4.3.1 变量说明

4.3.1.1 因变量

此文中的被解释变量是国家外汇管理局公布的中国2009—2016年对外直接投资（OFDI）流量，本节选取20个国家或地区样本，其中10个是经济合作与发展组织（OECD）成员国，10个是非经济合作与发展组织成员国，借以区别经济发展程度、市场规模和技术水平不同的投资东道国。

4.3.1.2 自变量

1. 市场规模

东道国市场规模被理解为是FDI流量的一个必要的决定成分。根据当前的研究得出，FDI流量与东道国市场规模成正比。此文采用东道国每年真实国内生产总值（GDP）、人均国内生产总值（GDPP）和年度增长率（GD－PG）来衡量东道国市场规模，其中GDP和GDP年度增长率以2005年不变价美元计，以剔除汇率变动产生的影响。

2. 技术水平

一些发展中国家企业更依赖于在科学技术强国的投资，以获取海外技术从而将科学技术转移回母国以提升母国企业的技术水平，东道国的科学技术发展能力对此类投资有着重要的刺激作用。此文选择了东道国专利申请数（PATENT）来衡量东道国的技术发展能力。

3. 双边贸易关系

东道国与母国的贸易量与投资的联系相当复杂。当今中国企业对外直接投资大多是由于传统的贸易替代原因（即越过东道国的贸易壁垒和配额）和贸易支持原因（即为了鼓励本国产品的出口）。此文选择了中国对东道国出口（EXP）和中国从东道国进口（IMP）两个重要因素作为此模型的控制变量。

4.3.2 模型建立

此文设立被解释变量和解释变量的面板回归模型。现在的理论和实证研究展现出 OFDI 与解释变量之间并没有线性关系，所以此文把全部变量都转变成自然对数形式，因为大量国家国内生产总值（GDP）的每年增长率为负数，所以该指标不需要进行自然对数变换，保持原值），此下为模型：

$$lnOFDI = \alpha + \beta_1 lnGDP + \beta_2 lnGDPP + \beta_3 GDPG + \beta_4 lnPATENT + \beta_5 lnEXP + \beta_6 lnIMP \tag{4-1}$$

本节采用 Pearson 相关系数检验法对变量的相关性进行分析。相关系数的绝对值越大，相关性越强；相关系数越接近于 1 或 -1，相关性越强；相关系数越接近于 0，相关性越弱。同时还可以判断模型是否存在严重的多重共线性问题，若解释变量之间的相关系数的绝对值大于 0.6，则可以判断模型中解释变量存在严重的多重共线性问题。

表 4-6　全样本相关系数矩阵

	lnOFDI	lnGDP	lnGDPP	GDPG	lnPATENT	lnEXP	lnIMP
lnOFDI	1.0000						
lnGDP	0.4497	1.0000					

续表

	lnOFDI	lnGDP	lnGDPP	GDPG	lnPATENT	lnEXP	lnIMP
lnGDPP	0.5164	0.8282	1.0000				
GDPG	0.1929	-0.2255	-0.2671	1.0000			
lnPATENT	0.3532	0.8113	0.5908	-0.1879	1.0000		
lnEXP	0.0817	0.0448	0.2854	-0.0778	-0.0078	1.0000	
lnIMP	0.5462	0.8132	0.5474	-0.0007	0.8403	-0.0832	1.0000

通过分析各变量之间的相关系数（见表4-6），发现lnGDP与lnGDPP、lnPATENT、lnIMP的相关系数分别为0.8282、0.8113、0.8132，lnPATENT与lnIMP的相关系数为0.8403，均大于0.6，相关系数都比较大，说明lnGDP与这三个变量的相关性比较高，可以判断模型存在较为严重的多重共线性问题，因此，剔除lnGDP变量，并在保留原有贸易进出口变量信息的基础上，产生新变量EXIM（EXIM = EXP/IMP），并对其取自然对数，对新的变量重新进行相关性分析。

表4-7 调整后的相关系数矩阵

	lnOFDI	lnGDPP	GDPG	lnPATENT	lnEXIM
lnOFDI	1.0000				
lnGDPP	0.5164	1.0000			
GDPG	0.1929	-0.2671	1.0000		
lnPATENT	0.3532	0.5908	-0.1879	1.0000	
lnEXIM	-0.2262	-0.4043	0.0430	-0.5200	1.0000

由表4-7可以发现，各变量的相关系数的绝对值都比较低，都在0.6以下，说明模型不存在多重共线性问题，此时的回归估计结果是有效的。

为了对模型中各变量的特征有一个大致的了解，此文运用软件Eviews7.2对各变量进行描述性统计分析。

表 4 -8　描述性统计分析表

	Mean	Median	Maximum	Minimum	Std. Dev.
LNOFDI	9. 792981	10. 02105	14. 34501	1. 098612	2. 104852
lnGDPP	9. 486591	9. 353748	11. 12296	7. 098376	1. 130574
GDPG	2. 530679	2. 565299	11. 64892	-14. 8	3. 298502
lnPATENT	9. 016817	8. 561784	13. 31393	0	2. 145373
lnEXIM	-12. 6933	-13. 29981	0	-16. 45615	3. 216783

中国对外投资流量（lnOFDI）的均值为 9. 793，最小值为 1. 099，最大值为 14. 345，标准差为 2. 105，说明中国对不同国家的投资存在比较明显的差异。世界人均 GDP（lnGDPP）的均值为 9. 487，说明世界人均 GDP 整体比较高。GDP 增长率的均值为 2. 531，最小值为 -14. 8,最大值为 11. 649，标准差为 3. 299，说明 GDP 增长率的数据波动比较大。专利数量（lnPATENT）的均值为 9. 017，最小值为 0，最大值为 13. 314，说明不同国家的专利数量差异比较大。

4. 3. 3　回归分析

本节数据采用的是时间序列与横截面相结合的面板数据。面板数据模型一般分为混合回归模型、固定效应模型和随机效应模型。为了选出适用的模型，我们首先对三种模型进行相关检验，即分别进行 F 检验和 Hausman 检验，F 检验是用来在混合回归模型与固定效应模型之间做出选择，Hausman 检验是用来在固定效应模型和随机效应模型之间作出选择。两个检验的原假设分别是：适合建立混合回归模型、适合建立随机效应模型。(见表 4 -9)

表 4－9　模型检验结果

	statistic	Prob
F 检验（OLS 和 FE）	12. 976510	0. 0000
Hausman 检验（FE 和 RE）	5. 664822	0. 2256

由检验结果可以看出，F 检验的统计量为 12. 9765，检验 P 值为 0. 0000，远小于 0. 05 的置信水平，拒绝“适合建立混合回归模型”的原假设，说明模型存在个体效应，在混合回归模型和固定效应模型之间选择了固定回归模型。继续 Hausman 检验，检验的统计量为 5. 6648，伴随概率为 0. 2256，大于 0. 05 的置信水平，接受“适合建立随机效应模型”的原假设。结合以上两种检验方法，最终确定选择了随机效应模型。

为了对比，本节列出混合回归模型、固定效应模型和随机效应模型回归结果，分别为表 4－10 所示的（1）、（2）、（3）列，（4）、（5）、（6）列分别为在控制了贸易关系变量之后，逐一加入变量 lnGDPP、GDPG 和 lnPATENT 的回归估计结果。

表 4－10　回归估计结果

	OLS（1）	FE（2）	RE（3）	RE（4）	RE（5）	RE（6）
lnGDPP	1. 054453 ***	1. 248310 *	1. 031731 ***	1. 211020 ***		
GDPG	0. 231583 ***	0. 103365 ***	0. 120320 ***		0. 122095 ***	
lnPATENT	0. 107775	－0. 013601	0. 037289			0. 219430 *
lnEXIM	0. 029007	0. 029076	0. 027818	0. 029510	0. 029510	0. 002366
C	－1. 399837	－1. 819100	－0. 299969	－1. 319426	－1. 319426***	7. 788466 ***
N	145	145	145	145	145	145
Adj－R2	0. 3736	0. 7635	0. 6685	0. 5899	0. 5909	0. 50647

注：＊代表 10% 水平上显著，＊＊代表 5% 水平上显著，＊＊＊代表 1% 水平上显著。

由回归估计结果可以看出，世界人均 GDP 和 GDP 增长率不论混合回归模型、固定效应模型、随机效应模型，还是在单个模型的回归结果中，均对中国对外投资产生了显著的正向影响，说明回归结果是可靠的。由于本节选择的是随机效应模型，因此分析以随机效应模型为主。由表4－10（3）列可以看出，人均GDP的回归系数为1.032，在1%的显著性水平下显著为正，说明了人均GDP与中国对外投资呈显著的同向变动，人均GDP的增加促进了中国对外投资，当人均GDP每增加1%，中国对外投资相应增加1.032%。GDP增长率的回归系数为0.12，通过了1%的显著性水平检验，说明了GDP增长率推动了中国对外投资，当GDP增长率每增加1%，能够促进中国对外投资增加0.12%。专利数量的回归系数在全部变量加入的模型中没有通过显著性水平检验，但在单个模型中通过了10%的显著性水平检验，并且显著为正，说明了在只有双边贸易关系这一控制变量的情况下，东道国的技术水平对中国对外投资具有正向影响。双边贸易对中国对外投资的影响不显著，说明所选样本在研究期间内双边贸易与中国对外投资没有明显的相关关系。

4.4 政策建议

4.4.1 对于中国高新技术产业优势行业的建议

相对于其他国家，我国在一些行业上具有优势，比如电子及通信设备制造业、计算机及办公设备制造业，这些行业则可重点考虑与本国水平相近且外交关系好的国家展开投资，因为此类国家会给中国提供一些政策上的优厚待遇，让行业能轻易进入其市场得以发展，并且可节省许多资源。目前，中国在一些高科技领域还追赶不上发达国家的脚步，高新技术普及率比较低。本国产品如果能够在发达国家市场出现将会有很大的进步空间，并最终达到增加市场份额以获得丰厚利润和宣传品牌的目的。当本土品牌被全世界所认知后，则可以在海外建立研发机构，以获取国外先进的技术，学习先进的企业文化和管理经验，运用外国企业的关系网来扩大市场。需要注意的是，对外投资要权衡利弊，比如在和较发达国家合作时，就不能盲目地推广自己的产品，就像华为公司，其在与沃达丰合作时主动抛弃了自主品牌，转而贴牌生产，从而更为聪明地抓住了进入3G的市场时机。

4.4.2 对于中国高新技术产业劣势行业的建议

相比较之下，我国的劣势行业，如医药制造业，航空、航天器及设备制造业，医疗仪器设备及仪器仪表制造业，因为国内市场需求量较大，所以存在较大的开发空间，企业可以先开发本国市场，在技术、品牌知名度及运营经验等方面积累到一定程度再迈进国际市场，这类比较弱势的企业对外投资一开始是为了获取技术和市场，势必要选择一些发达的国家，且其该行业在全球都是比较知名的。因为我国的医药及航天行业的成长很慢，品牌知名度很低，我国企业需引进外国知名品牌，利用其销售网，提升生产效率和销售数量；在引进中，我国需要善于去发现其他国家所拥有的新领域、新技术，以开发新的市场；待我国医药及航天行业技术、品牌成熟后，再一步一步地开拓世界市场。

4.5 小结

此章对我国高新技术产业对外投资动机的探究主要包括两部分：一是中国高新技术产业现状的研究，主要从产业规模、R&D 活动、进出口贸易、对外投资现状等四个方面展开探讨；二是中国高新技术产业对外投资动机的实证研究，选择影响对外直接投资的几个主要因素如东道国市场规模、技术水平和双边贸易关系建立回归模型，并通过回归结果分析其中关系。具体如下：

第一，中国高新科技产业高速发展，产业规模不断扩大，出口总额稳居世界第一，中国已变成高新技术产业出口大国，但在 R&D 活动方面与其他美国和欧洲等强国差距还是很大，尽管近十年研究费用在持续增加，但研发活动强度明显低于很多的世界强国，中国还未进入高新技术产业强国行列，中国高新技术企业在技术、人才、管理及销售网络等方面与发达国家相比有所不足，这些都会成为中国高新技术企业走向世界的绊脚石。

第二，从本章面板数据回归结果分析得出，东道国市场规模对中国 OFDI 流量具有显著的正向影响。其中巨大的市场规模、较高的经济发展水平使得中国市场对外直接投资大量流入东道国市场。双边贸易关系对中国 OFDI 流量的影响不显著。近些年来，中国主导的 OFDI 的动机就是获得国际化经营的知识和技术，但相比较市场获取和技术获取两种动机来说，技术获取动机在目前中国 OFDI 中的比重要小很多。关于贸易和投资之间的关系，正如从我们得到的回归结果所看到的，是不确定的，贸易关系对于中国 OFDI 流量的影响是不确定的。总而言之，在中国企业 OFDI 的动机构成中，市场获取动机是最重要的、技术获取动机的地位有待提高。

5　高新技术企业海外投资风险分析
——基于北京高新技术企业的实证研究

伴随着经济、科技全球化的发展，高新技术企业在国际投资过程中发挥着越来越重要的作用，世界各国围绕高新技术产业展开的竞争也是愈加激烈，研发资源的严重匮乏与日益增长的技术需求之间的矛盾迫使发展中国家的跨国企业急需向外寻求科技要素。北京作为我国主要的高新技术企业聚集地之一，依托中关村科技园区、亦庄科技园区等高新技术产业园区的集中优势，不断学习、探索、发展，通过海外投资提升产业技术水平、扩大竞争优势。然而，在海外投资过程中，高新技术企业需要积极应对复杂的国际政治、经济环境以及文化差异带来的风险。另外，技术资源的变动也会导致海外研发结果的不确定性。

本章将围绕高新技术企业海外投资风险这一主题，结合相关文献参考，对北京高新技术产业的特征包括北京高新技术产业的发展现状、自身优势以及存在的问题一一进行整理分析；在此基础上从宏观环境、中观行业和微观企业三个角度逐一分析其风险要素，基于上述风险可能对高新技术企业海外投资带来不利的影响，从政治、经济、文化三个方面建立多元回归模型，通过拟合优度检验、检验多重共线性、异方差，分析检验得出影响北京高新技术企业海外投资风险的因素。最后通过对北京高新技术企业对外直接投资风险防范进行研究，为企业海外投资提供合理建议。因此，我国高新技术企业必须高度重视对可能带来不确定性的风险因素的分析，特别是对东道国宏观环境的分析。

5.1 北京高新技术产业特征

5.1.1 北京高新技术产业发展现状

作为祖国的首都，北京在高新技术领域上的发展自然处于领先地位。近些年，北京地区先后建立了中关村科技园区和亦庄科技园区，二者分别位于北京的北部海淀区和南部大兴区，因此形成了“北有中关南有亦庄”的崭新局面。通过建立科技园区的方式将众多高新技术企业聚集起来，产生规模效益，为北京高新技术企业打造一个良好的成长环境；依靠周边的高校外加北京市政府的鼎力支持，经过这些年的不断创新和发展，北京高新技术产业总体上取得了较为快速的发展，产业总体规模迅速扩大，创新能力和核心竞争力明显增强。2015年，国家总理李克强考察中关村，并鼓励广大创业者向高新技术领域进军，更加表明了政府大力扶植高新技术企业的决心。

据国家统计年鉴数据显示：2017 年，北京市研究与试验发展（R&D）经费支出 1595.3 亿元，较上年增长约 7.5%；约占该地区生产总值的 5.7%，政府投入的资金力度非常大，领先国内绝大多数城市。2017 年，同北京周边地区技术交流合作更加密切，输出到天津、河北等地的技术合同成交额 203.5 亿元，较上年增长 31.5%。近几年，北京高新技术企业经济总量实现平稳增长，企业的产品和劳务以及技术咨询、技术承包等技术活动已成为企业收入的主要来源。从2016年北京高新技术企业总体收入结构来看，产品销售收入[①]为主要来源，全年实现680.46亿元，占比51.7%；商品销售收入[②]和技术收入[③]等，分别为273.49亿元和265.19亿元，占比为20.8%和20.2%，均达两成左右；其他收入为96.43亿元，约占7.3%。[④]

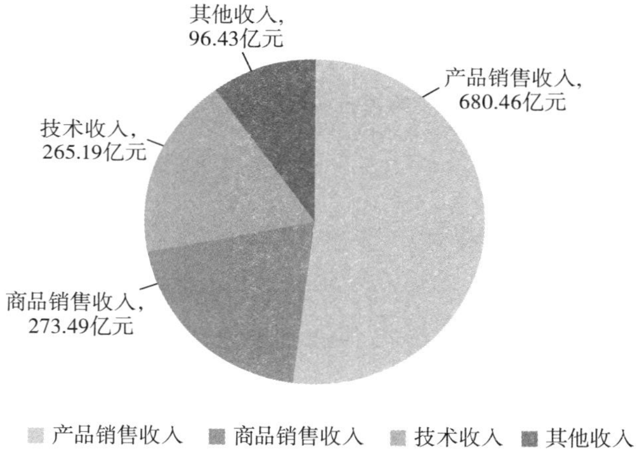

图5－1 2016年北京高新技术企业总体收入结构

数据来源：《中国火炬统计年鉴2016》。

企业科技人员和科技活动经费支出稳步增长。2016年，北京高新技术企业科技人员达到60.47万人，同比增长4.6%；科技活动经费支出达到6895亿元，同比增长35.4%；R&D经费支出3321亿元，同比增长32.6%。

---

① 产品销售收入：指企业全年销售全部产成品、自制半成品和提供劳务等所取得的收入。

② 商品销售收入：指企业全年销售以出售为目的而购入的非本企业生产产品的销售收入。

③ 技术收入：指企业全年用于技术转让、技术承包、技术咨询与服务、技术入股、中试产品收入以及接受外单位委托的科研收入。

④ 以上数据来源于《中国火炬统计年鉴2016》(2017年尚未出版)。

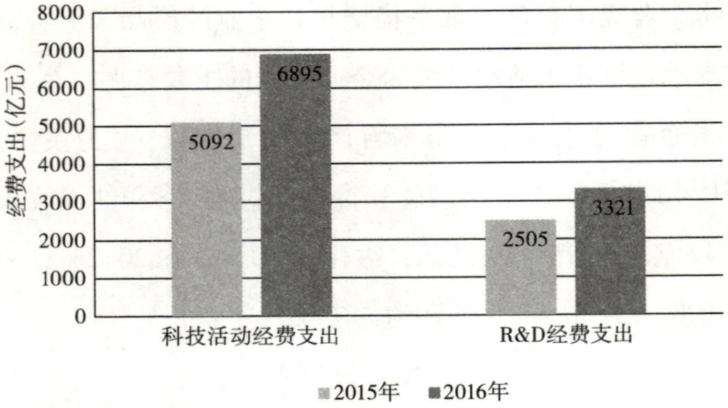

图5－2　北京高新技术企业科技活动及R&D经费支出（2015—2016）

数据来源：《中国火炬统计年鉴2016》。

5.1.2　北京高新技术产业在发展中存在的问题分析

尽管北京高新技术产业取得了显著的成绩，但依旧面临着一些问题，亟待解决。

第一，产业整体技术水平不高，自主创新能力有待进一步提升。在软件开发方面，核心技术的缺乏和自主研发能力低下的现状使得我们在同国外高新技术企业的竞争中长期处于被动局面。例如，在智能手机上，国产手机始终难以和国外品牌诸如美国的苹果手机、韩国的三星手机一较高下。不仅如此，在整个高新技术产品的生产环节上，我们更多的是从事制造环节，而像产品的研发设计环节、核心技术的专利权仍然掌握在国外企业手中。总的来说，北京高新技术企业依旧处于全球产业链的底端，所从事的工作技术含量低，创造的利润微乎其微。

第二，同国外发达国家相比经济竞争优势不明显。虽然北京在政策和资源上有着得天独厚的优势，在资金、设备和人才的供给方面领先国内，但是总体来看专利申请数量、科技研发成果和创新能力方面明显低于发达国家；就产品本身而言，产品的技术含量、附加值都相对偏低，很难在国际市场中同国外品牌一较高下，竞争力不足。

第三，产业结构不合理。从产业结构上看，表面上高新技术服务业在全部高新技术产业中所占的比重高达七成，但仔细研究北京市高新技术服务业内部，不难发现其中传统的信息传输服务依旧是该领域的主力军，而那些高附加值、创新性更强的产业所占比重较低。因此，从客观上来讲，北京高新技术产业的结构存在较为严重的问题。

5.1.3 北京高新技术产业发展趋势

结合分析2017年高新技术产业发展的形势，不难发现北京高新技术企业的发展呈现出以下趋势：一是产业发展政策环境逐步完善，中央政府和地方政府陆续出台一系列鼓励自主创新，促进产业可持续发展的财政、税收、政府采购政策；二是产业资源分配更加趋于合理，企业之间的竞争更加激烈，特别是中关村和亦庄科技园；三是重新颁布技术标准，规范整个高新技术产业；四是大力发展新的高科技领域，例如数字媒体的快速崛起、VR设备开始进入人们的生活当中等等。

未来的北京高新技术产业将以电子信息产业发展为主导，以高中端、高附加值产品为主，形成包括人工智能、网络服务、量子技术、新材料以及可视听化产品等不同类型产业在内的多元化产业发展格局，依靠高新技术的联动效应带动实现相关产业的迅速发展，进一步将北京打造成为全国高新技术企业聚集地的“领头羊”。

5.1.4 北京高新技术产业海外投资的风险及挑战

随着北京高新技术企业的快速发展，有限的国内市场逐渐难以满足其日益增长的需求，因此走出国门、迈向世界是其发展过程中的必然的趋势。而海外投资作为让高新技术企业走向世界过程当中重要的一个环节，需要引起我们的重视并且加以研究。

和其他跨国公司一样，北京高新技术企业在进行海外投资的过程当中，也会受各种复杂的国际政治、经济和文化环境的影响。对不同国家进行投资，所面临的风险也会不一样，有的国家战争频繁，政治经济风险较大；而有的国家尽管经济发达，但却与我国有着非常大的文化差异。这就需要针对风险的内涵和来源进行科学分析，并从中选取有代表性的指标，建立合理的风险指标体系和风险防范体系。

5.2 高新技术企业海外投资风险的理论分析

北京高新技术企业的国际化经营，不仅是其经营活动的外延，而且是其经营要素和经营组织的拓展与优化。由于它的经营是完全置身于国际市场环境之中的，所以它不但要受到各种政策制度和相关法律的约束，而且还会面临着经营失败的风险，以及自然环境风险和其他一些不确定的更大的风险。

目前，由于学者研究的角度不同，对于海外投资风险的分类也不相同。本研究在研究了大量的投资案例和相关文献之后，根据风险的表现形式，并结合高新技术企业海外投资的特点，按照不确定性理论模型，将高新技术企业的海外投资风险按照不同的维度分为宏观环境层面的风险、中观行业层面的风险以及微观企业层面的风险。

5.2.1 宏观环境层面的风险

5.2.1.1 政治风险

1. 战争或内乱

当东道国发生局部战争或者内乱时，会使东道国处于政治动荡和社会秩序恶化之中，从而导致治安、通信和交通等条件受到严重影响，使得跨国投资项目遭受破坏，甚至出现人员伤亡。因此，战争或者内乱带来的风险具有影响力大、破坏性强的特点，会严重影响到我国企业海外投资的安全和利益。例如，2011 年至今，叙利亚与土耳其发生局部战乱，导致当地的投资项目被迫搁浅，参与投资的中资企业在叙利亚的基建和电信等项目受到严重的损失。

2. 腐败、政府效率低下

由于东道国政府官员的腐败或是不作为导致的政府效率低下，会成为企业在海外进行项目谈判、市场进入和投资的重要阻碍。特别是在东道国进行研发投资或核心技术进口时，会出现一些具体规则不清晰、实施过程不透明的情况，此时有些官员会要求所谓的“费用”“佣金”或直接索贿，这些腐败行为将给企业造成成本上升的损失。这类风险是隐性风险，若不加注意也会使得跨国企业的正常经营受损。

3. 政策变动

政策风险是指东道国为了达到一定的目的，通过政策变动对外国的企业实施限制。这种政策变动会导致外国的投资者很难进入某些行业，或者已经进入的企业被迫退出部分乃至全部投资的股权。对于技术获取型对外直接投资的企业来说，应特别关注东道国对于高新技术产业以及合作研发方面的政策倾向，还有接纳投资的政策开放度和优惠的税收政策等。东道国的一些政策因素，如：高度开放型的投资政策，鼓励外资企业参与研发等，都会促进外资企业参与当地研发投资，或者顺利并购当地的高科技企业；而那些对于外来投资较为保守的国家，如：对外资企业进行高税收，不允许参与本国的科技计划等，那么在这些国家进行技术获取型对外投资，就会面临较高的政策变动风险。

4. 歧视性干预

由于许多中国企业的国有化性质或者中国的特殊政治背景，可能会使西方一些国家对中国企业在该国的投资有不同的态度和政策，这就会对中国企业产生新的风险。一些东道国政府可能会考虑本国的政治要求，而对中国的投资者采取限制和歧视性干预。

5. 法律风险

法律风险是指因与东道国法律体系存在差异或东道国法律制度不完善、诉讼成本偏高等造成投资回报损失的可能性。一般情况下，企业在进行技术获取型并购过程中，需要考虑的法律风险有很多，因为并购合同较为复杂，所涉及的项目繁多，稍有不慎就有可能造成无法挽回的后果。对东道国法律因素的考察，应主要集中在三个方面：法律的完备性、法律的公正性和法制的稳定性。

5.2.1.2 经济风险

1. 东道国宏观经济发展水平

宏观经济风险是指一国经济的总体状况（包括财政收支状况，国内生产总值 GDP 及其增速情况，利率、失业率与通货膨胀率的情况）

变化带来的投资风险。一方面，如果东道国的经济前景预期不明朗或出现经济衰退，将会给跨国投资带来很大的风险。因为经济衰退会造成东道国社会总需求萎缩、对外偿付能力下降、币值大幅波动、保护主义抬头和主权担保有效性减弱等，使得整体国家风险水平明显上升。另一方面，如果东道国的经济风险较小，说明其宏观经济发展良好，则该国的技术进步和研发投入也会相应地增多，尤其是对高新技术产业的研发投入，会吸引更多的技术获取型对外直接投资。因此，宏观经济运行变化带来的风险，将会对技术获取型对外直接投资产生直接或间接的影响。在这里，我们用经济技术开发能力、人民生活质量、经济活力、基础设施因素来衡量一国的宏观经济发展水平。

（1）经济技术开发能力

一般来说，经济技术开发能力强的国家，不仅工业化水平高，经济开发与技术创新的机制完备，能够充分有效地利用各种资源，而且还能够提供广泛的投资和获利机会。因此，在这样的国家中，各种经济活动的水平都较高，投资发展潜力大，有可能为外国投资者提供大量可以进一步利用和开发的资源与市场。相反，东道国的经济技术开发能力弱，对于海外投资者而言风险更大。

（2）人民生活质量

人民生活质量，即人们在健康、信息、交通等方面的一般条件和消费水平，是衡量一国经济发展水平高低的重要标志之一。生活质量因素是从需求方面来吸引、促进投资者投资的。人民生活质量越高，说明人们有足够的购买力来购买商品，而极大的物质和精神需求恰恰为广大海外高新技术投资者提供了绝佳的机会；对于高新技术企业而言，人民生活质量高的国家往往更具有吸引力。高新技术产品由于具有高附加值、高技术含量的特点，产品价格往往偏高，因此对于经济相对落后的国家而言，高昂的产品价格往往令消费者望而却步，这也是为什么高新技术产品往往出口到经济较为发达的国家的原因之一。

（3）经济活力

经济活力指的是一国一定时期内经济中总供给和总需求的增长速度及其潜力。从投资角度来看，主要涉及国民生产总值的增长率（经济增长率）和固定投资率（资本积累率）等。这些因素之间相互联系、相互作用，共同推动着一个国家经济的发展。例如，像中国、印度和巴西等新兴的发展中大国，近些年的经济增量得到了迅猛发展，并在世界经济一体化的浪潮下依靠自身的优势逐步实现了资本的原始积累；经济的迅速扩张使得这些国家的经济活力得到了快速的增长，对于一些高新技术产品的需求也随之上升。因此，这些新兴国家也逐渐开始成为发达国家高新技术企业竞相投资的对象。

（4）基础设施因素

基础设施建设代表了一个国家的国民经济建设，直接反映一个国家的整体经济水平。基础设施完善的国家更有利于为海外投资者提供良好的投资环境，减小投资过程中的风险。通常情况下，人们把基础设施因素作为衡量经济风险大小的重要因素之一；良好的基础设施能够为高新技术企业提供优质的资源、设施保障，使得投资者能够更好地在东道国开展相关工作，因此基础设施因素可以说是高新技术企业的重要物质保障之一。反言之，如果一个国家基础设施并不完善甚至是落后，在这样的投资环境下，投资者将面临诸如效率低下、信息获取速度慢、选择生产要素的机会小的困境，在无形之中扩大了投资经营的不确定性，加重了投资风险的发生。

2. 经济稳定性

经济稳定不仅仅包括实现充分就业，物价稳定和国际收支平衡，同时还包括保持经济的持续、健康和稳定发展。在这里，我们用通货膨胀率和财政金融状况来衡量一个国家的经济稳定程度。

（1）通货膨胀率

对于海外投资者而言，通货膨胀率的异常波动会造成汇差，致使汇率上受到严重的损失，给外商投资带来了极大的不确定性因素，增加了海外投资的经济风险。因此，将通货膨胀率维持在一个合理的区间尤为重要，这也是为什么我国严格控制通货膨胀率的原因。

（2）财政金融状况

对于东道国财政金融状况，我们通常可以用两个基本指标来衡量。一是预算赤字占国民生产总值的比重；二是货币发行量占国民生产总值的比重。相关经验表明，在经济正常增长的前提下，预算赤字占国民生产总值的比重应该保持在1%到3%之间的水平，如果超过这个水平达到5%至6%甚至以上，势必会造成经济上的不良影响。事实上，一些发展中国家经济环境恶化，往往就是由于巨额的预算赤字造成的。

3. 经济开放程度

经济开放程度是指一个国家或地区的经济运行体系与国际市场的关联程度。如果东道国经济发展与国际市场联系紧密，则是外向型经济；反之，如果东道国经济闭塞，与外界经济来往不频繁，则称之为内向型经济。经济开放程度高的国家，国际间的贸易往来和相互投资也相对更多，相应的技术交易市场也会更加完善、发达，这样就会促进高新技术企业海外投资的发展。如果一国经济的开放程度较低，则表明该国市场经济不发达，市场自由度较低，国外投资者所受到的限制就会越多，进而给高新技术企业投资带来更大的风险。

5.2.1.3 文化风险

文化风险是指因母国与东道国在语言、风俗习惯、宗教信仰、价值观等方面存在差异，进而给企业对外直接投资带来不确定性的影响。北京高新技术企业作为高投入、高风险的行业，在海外投资过程中可能会面临较大的文化冲突风险，因为东西方文化存在较大的差异，中国传统文化孕育的企业行为方式往往与西方企业的行为大相径庭。因此，因文化差异而导致的投资过程中的文化冲突，对企业的海外经营活动的影响是多方面的，主要体现在以下四个方面：

1. 语言文字

语言是人与人之间沟通交流的桥梁和纽带。投资者在进行国际投资时，必须与各类机构和个人进行沟通，如果缺乏对东道国语言的了解，必然会给沟通带来困难，从而给投资活动带来不便。

2. 价值观念

价值观念是人认定事物、辩定是非的一种思维或价值取向，也是决定人们态度和行为的心理基础。任何一个国家都有着代表其特定的文化价值观念，因此不同的文化之间的国家进行商业投资，往往会因为价值观念不同给投资造成一定的困难，增加投资的风险。相反，东道国与投资国之间主导价值观差异越小，说明两国在思维和行动上更加一致，从而会减少因价值观念不同而产生的摩擦，越有利于彼此间的投资；反之，国际投资也会因为剧烈的文化冲突而变得困难重重。

3. 教育水平

教育水平直接影响到一个国家的劳动力素质水平、技术先进程度和国家文明程度，而人才则对社会经济发展有着巨大的促进和推动作用。国家通过教育提高劳动力的素质水平，为国家培养大批高精尖专业人才，进而吸引广大海外投资者尤其是高新技术企业来此投资，招聘海外人才；反之，一些相对落后的国家由于对教育的忽视，导致该国的劳动力素质低下，工作效率极低，难以满足高新技术企业对高端人才的需求，从而令投资方望而却步。

4. 宗教

宗教对人的生活态度、价值观、购买动机、消费偏好皆有重大影响。因此，两个不同宗教文化的国家在进行商业活动时，要格外注意彼此的宗教文化信仰，避免因宗教文化差异产生矛盾，从而给投资带来不必要的麻烦，增加投资风险。相反，文化程度相似或相同的国家之间则不用过多考虑这一方面的因素，无形之中降低了因文化差异而产生的文化风险。

5.2.2 中观行业层面的风险

5.2.2.1 市场风险

北京作为中国的首都，在高新技术领域的发展上有着得天独厚的优势，在国内处于领先地位，所生产的产品质量也明显高于其他省市，国内竞争风险较小。因此可以看出，北京高新技术企业有着广阔的国内市场。

尽管国内市场广阔，但是放在更大的国际市场上，我们的高新技术产品的优势便不再明显。同样的高新技术产品，西方发达国家无论是在技术还是质量上都远胜我们，因此西方国家占有很大的市场份额。面对这样的局面，我们应该对自己有着清楚的定位，在守住自己不多的国际市场的前提下，努力制定相应的战略措施，进一步扩大国际市场，降低市场风险。

5.2.2.2 技术风险

技术风险是指在海外进行研发投资或者并购高新技术企业时，因为技术方面受到限制而导致的投资失败。技术风险的种类很多，其主要包括技术不足风险、技术开发风险、技术保护风险、技术使用风险、技术取得和转让风险等。其会导致企业技术获取成效与预期目标之间存在偏差，甚至出现投资失败的现象。

目前，尽管北京在某些高新技术领域的产品已经达到了世界领先的水平，但在更多方面我国仍落后于发达国家。总体来看，北京高新技术企业依然是主要依靠那些技术含量、附加值较低的产品来创造微薄的利润。对于国外的一些先进成熟的技术和设备，我们很难获得使用的权利，只能花费巨额资金通过进口核心产品来维持运营，长期处于高新技术产业链的下游位置。例如，我国的国产笔记本电脑，其CPU（中央处理器）绝大多数都是从国外品牌进口而来，而我们自身却并不具备研发中央处理器的技术和能力。

5.2.2.3 竞争风险

竞争风险主要来自其他国家和地区的高新技术企业的威胁。国内市场方面，同北京高新技术企业同样具有竞争力的还有上海、深圳等城市；国际市场上，来自欧美、日韩等发达国家和地区的同类产品的竞争更加激烈，我们的产品还难以在发达国家市场上获得竞争优势，只能在一些发展中国家的市场上获得蝇头小利。因此，来自内部和外部高新技术企业的竞争压力同样不容忽视。

5.2.3 微观企业层面的风险

5.2.3.1 人力资源风险

对于高新技术企业而言，人力资源方面面临的最大的两个风险就是人才短缺和人才流失的风险。由于高新技术企业产品自身具备高技术含量、高附加值的特点，因此对于专业人才的需求也往往要高过其他行业。

目前，北京面临着严重的高精尖人才短缺的困境。尽管北京每年毕业的大学生数以十万计，劳动力看似充足甚至饱和，但事实上核心技术岗位上的人才依旧严重缺失，一些企业甚至不惜重金从国外高价聘请专业人员。

除此之外，人才流失同样也是一个不容忽视的问题。很多名校毕业的学生为了更好的待遇和生活条件，纷纷出国寻求发展，现在我们看到的很多国外核心岗位的负责人都是华裔人士。国内的很多高新技术企业因为核心技术人才的流失而难以继续运营，更有甚者因为核心人物的集体跳槽流失面临倒闭的风险。

5.2.3.2 筹资风险

高新技术企业的建立、成长、发展壮大是需要大量资金的，除此以外还需要大量的研发费用投入。因此，很多高新技术企业在成立初期往往因资金不足而制约其发展，甚至出现资金断裂的情况。为此，通过外界筹资成了很多企业的不二选择。

由于我国银行贷款有着很大的局限性，很多中小企业难以获得银行贷款，只能被迫通过民间借贷或者影子银行获得资金。因此，筹资渠道有限，筹集金额较小，增加了筹资方面的风险，严重阻碍了中小企业的成长发展。

5.2.3.3 经营决策风险

投资者的经营决策直接决定投资的成败与否，很多企业因为战略决策上的失误导致满盘皆输，因此经营者需要对变幻莫测、波诡云谲的国际市场有着清晰客观的认识，对于每一个重大决策都要慎重对待，要经过再三考虑过后再做出决定。

对于高新技术企业的决策者而言，如何把握投资时机、如何选取投资东道国、如何生产适销对路的高质量产品都是至关重要的。任何一个环节的失误都会给企业带来难以估量的风险。因此，海外投资对于决策者的素质能力有着非常高的要求。作为决策者除了要具备专业的知识外，更要有长远的战略眼光、清晰的思路和远超出常人的气魄。只有这样，企业才能在复杂多变的环境下生存发展。

5.3 实证模型的设定和分析

5.3.1 模型设定和指标的选取

由于中观和微观风险因素主要针对企业个体，不具备研究整体行业的共性，而且数据查询难度大，因此不适用于整体因素的分析。本节只针对宏观层面从政治、经济和文化三个角度选取指标，大致研究出衡量东道国风险大小的宏观因素以及影响程度。即 PEST 分析法中的 P（Politics）、E（Economy）和 S（Society）三个方面。

5.3.1.1 政治风险指标

政治层面上，本节用 Control of Corruption，Government Effectiveness，Regulatory Quality，Rule of Laws 和 Voice and Accountability 五个方面来衡量政治风险因素的大小。理论上，上述五个因素分数越高，说明东道国对于腐败的控制力度越大、政府效率越高、法律规则越完善，政治风险会更小。为方便研究，笔者将各东道国的上述五个因素的评分求和取平均值，得出综合政治风险因素。具体政治指标如下：

（1）腐败控制力（Control of Corruption）。

（2）政府效力（Government Effectiveness）。

（3）制度质量（Regulatory Quality）。

（4）法律规则（Rule of Law）。

（5）发言权和问责制（Voice and Accountability）。

5.3.1.2 经济风险指标

经济风险因素主要根据东道国的人均 GDP 及其增长率、GDP 总量及其增长率和经济自由度来衡量。通常情况下，GDP 越高的国家，代表其经济实力越强，相关的基础设施更加完善，有利于吸引外国企业投资。经济自由度可以体现出一个国家的经济开放程度和金融发展程度。一般来说，经济自由度高的国家，投资风险较小，更容易吸引投资者来该国投资。具体经济指标如下：

（1）人均 GDP。

（2）人均 GDP 增长率。

（3）经济自由度。

（4）GDP 总量。

（5）GDP 增长率。

5.3.1.3 文化风险指标

文化风险主要来自于不同国家和地区之间的文化交流和沟通障碍以及文化融合障碍，这里我们用以 Hofstede 文化得分为基础计算出的文化距离指数来衡量文化风险。Hofstede 是通过计算权力距离指数（PDI）、男权主义指数（MAS）、不确定性规避指数（UAI）和个人主义指数（IDV）四个指标来表示各国的文化特征的。仅仅通过各国的文化评分并不能体现东道国同我国的文化差距，还需要对上述四个指标进行处理分析，算出各东道国同我国的文化距离指数。本节采用 Kogut and Singh（1988）提出的计算文化距离指数的公式，计算出我国同世界各国的文化距离指数。

$$CD_j = \sum_{i=1}^{4} \{(I_{ij} - I_{ic})^2 / V_i\} / 4 \tag{5.1}$$

其中，I_{ij} 表示第 j 个东道国的第 i 个文化维度指数，I_{ic} 表示中国的第 i 个文化维度指数，V_i 表示所有样本国在第 i 个文化维度的方差。CD_j 则代表第 j 个东道国与中国的文化差异，即文化距离指数。该数值越大，表明我国与东道国的文化沟通和交流以及文化融合难度越大，文化风险越大。

5.3.2 样本选取和数据来源

本节选取 2016 年包括澳大利亚、巴西、加拿大、法国、德国、希腊、印度、意大利、日本、韩国、墨西哥、菲律宾、新加坡、南非、西班牙、瑞典、英国和美国在内的共 18 个国家及其相关数据。政治风险的指标数据来自于世界银行全球治理指标（Worldwide Governance

Indicators，WGI）数据库；经济风险指标中关于东道国2016年GDP总量及其增长率、人均GDP及其增长率均来自世界银行WGI数据库。2016年世界各国经济自由度摘自人大经济论坛网站，文化距离指数没有直接数据可引用，而是通过从《国家统计年鉴2016》上找到四个文化纬度指数后计算得出。因变量2016年东道国对外投资净额的数据来自于《国家统计年鉴2016》。

5.3.3 实证分析

5.3.3.1 模型建立

基于研究的背景建立如下多元回归计量经济模型：

$$\ln Y = \beta_0 + \beta_2 X_2 + \beta_4 X_4 + \beta_5 X_5 + \beta_6 \ln X_6 \qquad (5-2)$$

其中，Y 为2016年中国对各国的投资净额，Y 值越大，表明我国对东道国投资净额越高，反映东道国投资环境较好，风险较小。X_2 为世界各国的经济自由度，X_4 为综合政治因素得分，X_5 为世界各国同中国的文化距离指数；X_6 为2016年世界各国GDP总量。由于 Y（我国对东道国投资净额）和 X_6（2016年世界各国GDP总量）数值庞大，因此在检验过程中为了简便而用Ln值计算。而 X_1（人均GDP增长率）、$\ln X_3$（人均GDP）和 X_7（GDP总量增长率）经过分析发现，模型的P值较大，显著性差，对海外投资的影响并不大，因此认为以上三个假设不成立，故排除在外。

5.3.3.2 最小二乘法（OLS 法）

表 5-1 拟合优度检验

自变量	模型	
	Coefficient（t）	Prob.
X_2	0.083817	0.0004
X_4	0.028033	0.0232
X_5	-0.162917	0.3009
$\ln X_6$	0.772987	0.0000
C	-9.971936x	0.0023
R-squared	0.880410	
Adjusted R-squared	0.843614	
F-statistic	23.92626	
Prob（F-statistic）	0.000007	

从回归结果可以看出（见表 5-1），X_2、X_4、$\ln X_6$ 相应的估计值 β_2、β_4 和 β_6 所对应的 P 值小于 0.05，表明在 0.05 的显著性水平下，解释变量对被解释变量的影响系数通过显著性检验；而 β_5 对应的 P 值在 0.30 左右，显著性相对较差（但由于统计量以及自由变量个数有限，故暂且算作自由变量）。模型的拟合优度为 88.04%，调整后的 R 方为 84.36%，说明以上四个自变量可解释因变量变化的 84.36%，解释程度比较高，方程拟合程度较好。F 统计量为 23.92626，其对应 P 值 $0.000007 < 0.05$，在 1% 的显著性水平下，可以认为方程总体非常显著。根据回归结果可得模型估计的结果为：

$$\ln Y = 0.083817X_2 + 0.028033X_4 - 0.162917X_5 + 0.772987\ln X_6 - 9.971936 \quad (5-3)$$

5.3.3.3 多重共线性检验

表 5－2 多重共线性检验

Variable	Coefficient Variance	Uncentered VIF	Centered VIF
C	6.978712	736.5477	NA
X_2	0.000321	162.7337	2.810050
X_4	0.000119	70.68971	4.619166
X_5	0.022866	8.985876	2.149278
$\ln X_6$	0.008592	707.3229	1.126521

本节选取方差膨胀因子来检验模型是否存在多重共线性。通常方差膨胀因子越大，说明模型的多重共线性越严重。根据经验判断，当方差膨胀因子小于 10 时，不存在多重共线性；当方差膨胀因子大于 10 且小于 100 时，存在较强的多重共线性；当方差膨胀因子大于 100 时，存在严重的多重共线性。检验结果如表 5－2 所示，X_2、X_4、X_5 和 $\ln X_6$ 的方差膨胀因子（VIF）分别为 2.810050、4.619166、2.149278 和 1.126521，均远远小于 10，可见该模型不存在多重共线性的问题。

5.3.3.4 异方差检验

由于方程是多元方程，用 White 检验异方差时我们选择有交积项的检验。用 Eviews 软件得出的怀特检验（White）结果如表 5－3 所示：

表 5－3 异方差怀特检验法

Heteroskedasticity Test: White				
F－statistic	0.791270	Prob. F (14, 3)		0.6752
Obs * R－squared	14.16417	Prob. Chi－Square (14)		0.4376
Scaled explained SS	3.702011	Prob. Chi－Square (14)		0.9970
Variable	Coefficient	Std. Error	t－Statistic	Prob.
C	－34.70925	31.63184	－1.097288	0.3527

续表

X_2^2	0. 000361	0. 001610	0. 224226	0. 8370
$X_2 * X_4$	-0. 000409	0. 001389	-0. 294120	0. 7878
$X_2 * X_5$	-0. 033340	0. 028644	-1. 163951	0. 3286
$X_2 * \ln X_6$	0. 021491	0. 010478	2. 051021	0. 1326
X_2	-0. 566981	0. 330234	-1. 716909	0. 1845
X_4^2	-0. 000141	0. 000797	-0. 176715	0. 8710
$X_4 * X_5$	0. 032296	0. 032122	1. 005418	0. 3888
$X_4 * \ln X_6$	-0. 007704	0. 007919	-0. 972749	0. 4024
X_4	0. 218002	0. 214199	1. 017755	0. 3837
X_5^2	-0. 104831	0. 236046	-0. 444113	0. 6870
$X_5 * \ln X_6$	0. 220732	0. 180630	1. 222014	0. 3090
X_5	-6. 098767	5. 194360	-1. 174113	0. 3251
$\ln X_6$^2	-0. 088580	0. 060052	-1. 475044	0. 2367
$\ln X_6$	3. 671358	2. 826851	1. 298745	0. 2848

由结果可以知道，$nR^2 = 14.16417$，在显著性水平为 $\alpha = 0.05$ 的情况下，$x^2 = 23.685$ ，而 $nR^2 = 14.16417 < x^2 = 23.685$，所以接受同方差相等的原假设，认为方程不存在异方差。（这里 14 是解释变量个数的自由度）

由于只有 2016 年一年的数据，因此可以不考虑自相关的问题。经检验后最终结果如下：

$$\ln Y = 0.083817X_2 + 0.028033X_4 - 0.162917X_5 + 0.772987\ln X_6 - 9.971936 \quad (5-4)$$

5.3.4 结果分析

根据 β 系数的正负可知，$\ln Y$（对外投资净额）与 X_5（文化距离指数）呈负相关，表明我国与东道国的文化距离指数越大，文化差异越大，投资风险越大；与其他因素包括政治综合得分、东道国经济自由度以及东道国 GDP 总量均呈现正相关性，表明上述因素会对我国对外投资产生积极影响，这些因素数值越大，投资风险越小。

总结上述结论，关于影响北京高新技术企业海外投资的风险因素，假设 X_1、$\ln X_3$ 和 X_7 不成立，表明人均 GDP 及其增长率不能对高新技术企业海外投资风险提供有效的解释，人均 GDP 高的国家经济总量不一定大，因此市场规模有限，例如新加坡。而经济增速与对外投资净额之间也不存在很强的关联性，一些发达国家每年的经济增速很低甚至出现负增长，但是其强大的经济基础依然得到众多投资者的青睐；而经济发展较快的国家往往多是发展中国家，尽管经济增长快，但是经济基础相对较差，政策也不是非常的完善，依然具有很高的投资风险。

同时，实证分析的结论也告诉我们：假设 X_2、X_4、X_5 和 $\ln X_6$ 成立。在影响海外投资的诸多风险因素当中，东道国的 GDP 总量、经济自由度、政治稳定程度和文化距离指数是其中重要的指标，因此在投资过程中我们要密切关注这些因素的变化，及时作出相应的调整，规避风险。

5.4 政策建议

5.4.1 政治风险防范对策

第一，加强政治风险防范意识。投资者在投资前对东道国的政治环境要做好充分的调查并建立相关的预警机制，对于处于战乱、局部冲突或存在潜在战争风险的国家和地区应避免贸易联系。

第二，投资前办理海外投资保险业务。投资者可以在本国或者东道国办理专门的海外投资保险，当遇到合同中出现的各种政治风险时可以根据签署的合同获得理赔。海外投资保险总共分三类，分别包括国有化风险、战争风险和转移风险。投资者在投保前向保险机构提出申请，在经过保险公司调查审核信息无误后与投保人签署相关的保险合同。合同生效后投资者有义务及时并不断向保险机构报告公司的各项状况，让保险公司能够在第一时间内了解投保人的投资状况，此外投保人应按期向保险公司支付保费。如果遇到合同中包括的风险并造成经济损失，投保人应及时上报给保险公司，保险机构将按照合同流程支付相应的赔偿金给投保人，从而达到规避风险的目的。

投资国政府在海外投资过程中扮演着重要的角色。因此，投资国政府应积极与东道国政府达成双边贸易协定，建立平等互惠的贸易合同通道，为两国的海外投资企业保驾护航；要明确不同商品的规格、定价以及不同出口产品定价方法，以免日后双方在价格问题上产生摩擦。

5.4.2 经济风险防范对策

全面评估东道国的经济金融环境，既要考虑到东道国的总体经济水平，又要考虑到东道国的人均经济状况；根据一国的经济自由度判断其进入难度，经济自由度越高的国家，对外来投资的限制就越小，经济风险也就相应较低，适宜对外投资；结合东道国各项经济指标并观察指标的变动情况，做好相应的措施。

政府应当扩大金融财税支持。对于高新技术企业的出口或是海外投资，政府应在财税上给予一定的优惠政策，降低对该类企业的出口税收，提高企业海外投资的竞争力；除此之外，政府还应当在技术投资上给予一定的补助，加强我国高新技术企业的研发水平，同时加强对核心技术的保护、对专利权的保护，防止他国企业盗用我国专利技术，从而造成经济损失。

5.4.3 文化风险防范对策

实行“本土化”的经营管理模式。我国高新技术企业在海外投资经营的过程当中，应当充分尊重东道国的传统文化理念，尽量避免同东道国在宗教、文化信仰上的差异冲突；产品在设计、应用上适应东道国消费者的习惯；除此之外，在原料来源、管理方式、人才雇佣等方面也要尽可能多地利用东道国的资源，以便更好地融入东道国的文化环境中去；联合东道国的华人华侨，举办文化交流活动，加强我国同东道国的文化交流和融合、求同存异，减小两国之间的文化差异。

5.5 小结

文章首先通过对北京高新技术产业特征的研究，了解北京高新技术产业的发展现状、存在的问题以及在海外投资过程中所面临的风险及挑战；再分别研究宏观、中观和微观层面上的风险；最后通过实证分析解释变量来验证不同因素对海外投资的影响程度。综合本章分析及实证探究，现得出如下结论：

第一，海外投资风险应从宏观环境、中观行业和微观企业全面分析。对于高新技术企业海外投资风险评估应该建立在宏观、中观和微观三个维度上，对宏观环境的分析有助于我们了解东道国投资环境、中观层面上的分析能够帮助我们了解行业发展前景、微观层面的研究能够帮助我们规避非系统性风险。

第二，PEST 分析法研究东道国宏观环境的风险。对于东道国宏观环境的研究，本章运用 PEST 分析法从政治、经济、文化和技术四个层面逐一展开分析，政治上通过腐败控制力、政府效率、制度质量、法律规则和发言权和问责制五个方面来衡量东道国的政治稳定性；经济上从东道国 GDP 总量、经济自由度进行研究；文化上则是计算我国同东道国的文化差异指数；技术方面参照各国研发人员数量、研发支出占 GDP 的比重、高科技产品出口量等方面。通过对上述因素的分析使得研究更加全面客观。

第三，宏观层面上 GDP 总量、经济自由度、文化差异指数和综合政治因素对海外投资的影响颇为显著。通过实证分析得出结论：海外投资净额同东道国 GDP 总量、经济自由度和综合政治因素呈正相关；和文化差异指数呈负相关。而人均 GDP、GDP 增长率对于海外投资的影响并不是非常显著。通过 Eviews 对解释变量进行拟合优度检验，分析结果显示人均 GDP、GDP 增长率的 P 值较大，说明显著性较差，作为解释变量有待商榷。结合相关数据例如新加坡，尽管该国家人均 GPD 非常高，但是我国对新加坡的对外投资净额却比其他许多发达国家要低，因为新加坡人口总量并不大，GDP 总量较其他发达国家而言仍然有一定的差距，从而影响了我国对新加坡的对外投资净值，和其他发达国家相比投资风险较大。故排除上述两个自变量。

6　企业海外研发投资的进入模式分析

——基于高新技术企业微观实证的视角

近年来，随着全球海外投资浪潮的兴起，中国企业的海外投资活动也呈现出快速增长的趋势。由于中国企业越来越追求国际化发展，重视自身研发能力培养，因此关于中国企业海外研发投资问题的研究俨然成为国际投资研究的新热点。然而在目前的研究中很少有专门针对高新技术企业和企业研发方面海外投资的研究。

本章立足母国企业层面，以高新技术企业为研究对象，选取以中关村科技园区企业为代表的中国34家存在海外研发投资活动的上市公司为样本，对企业海外研发投资进入模式决策及企业规模、企业所有制形式以及企业研发实力等关键影响因素进行实证分析。结果表明：规模越庞大的中国企业对于选择建立海外研发中心的方式进行海外研发投资的概率越大；反之，则更倾向于通过跨国技术并购方式来整合东道国的技术资源。企业的所有制形式和研发实力对企业海外研发投资进入模式产生的影响却并不显著。

本章最后结合我国高新技术企业发展现状，针对我国企业海外研发投资活动从实践的角度提出合理建议。

6.1 中国企业海外研发投资的进入模式介绍及发展现状

6.1.1 海外研发投资进入模式

企业开展海外研发投资活动主要分为建立海外研发中心、跨国技术并购和跨国技术联盟这三种基本模式。

6.1.1.1 建立海外研发中心

建立海外研发中心即跨国公司开展海外投资中的绿地投资方式。绿地投资是指跨国公司等投资主体在东道国境内依照东道国的法律设置的部分或全部资产所有权归投资者所有的企业。绿地投资是我国企业海外投资的重要方式之一。建立海外研发中心主要通过在东道国新建研发中心、雇佣本土的技术人员参与研究开发项目，从而利用当地人才与技术提升自己的研发水平。建立海外研发中心可以进一步分为独资新建和合资新建。独资新建，即单个企业独自在东道国投资建立新的研发中心。采用独资新建模式进入东道国的公司作为单独的出资者，独自享有经营利润并承担经营风险，但是在东道国的经营活动往往面临着当地较为严格的限制，包括法律、文化以及政策等方面的限制，因此跨国公司也面临着较大的经营风险。合资新建，即多个企业合作在东道国投资建立研发中心。采用合资新建模式的公司往往更愿意寻找当地公司合作，以便更加迅速地融入东道国的外部环境并分散一定的经营风险。该模式下，所有投资方共同投资、共担风险、共享利润，同时国际合资企业通常能够享受一定程度的优惠政策，更容易融入当地文化、打入本土市场。

6.1.1.2 跨国技术并购

跨国技术并购是指企业通过并购东道国企业的全部资产或者得到对方企业控制权的方式，以获得海外先进技术、优化现有技术或者强化现有技术。例如，我国TCL集团就是通过跨国技术并购进行海外研发投资的。2004年10月，TCL集团成功并购阿尔卡特手机。在这次并购中，TCL看中的是阿尔卡特在欧洲市场的品牌和销售网络，以及阿尔卡特芯片级的手机研发能力，而且阿尔卡特手机在3G方面的研发实力处于全球领先地位。TCL集团希望在研发技术上达到世界领先水平，并通过目标企业的销售渠道将产品更深地打入国际市场。

跨国技术并购企业能够利用被并购企业已有的研发设备、当地员工以及专利商标等无形资产快速投入生产，与建立海外研发中心方式相比大大缩短了建设周期。采用跨国技术并购方式进入海外市场的跨国企业能够充分利用被并购企业的本土关系网。同时在融资方面，原来对目标企业提供信贷的金融机构可能继续维持与该企业的借贷关系，为企业的融资提供方便。然而东道国制定的相关本土产业保护政策和地方保护主义很有可能对跨国企业产生抵制作用。国际会计标准与本土会计标准的差异、信息的不对称性导致无形资产评估等问题的存在，使得评估企业价值难度大，造成跨国公司决策困难，从而影响跨国并购的成功率。跨国公司想要找到完全符合自身发展战略的被并购企业并非易事，因为这会受到被并购企业的规模、选址等多方面因素的限制。

6.1.1.3 跨国技术联盟

跨国技术联盟是指我国企业与国外企业在优势互补、利益共享的前提下共同投入资金进行技术合作开发。例如，华为公司已于2017年在东京设立研发基地并与日本软银集团和日本通信运营商NTT DOCOMO合作开发物联网、5G无线网络技术。这种研发进入模式就是跨国技术联盟。

建立跨国技术联盟能够提高双方企业的资源利用效率，并且通过这种方式让各种资源在建立跨国技术联盟的企业之间相对自由地流向资源更稀缺的一方，从而达到合理配置资源的目的。此外，与绿地投资和跨国并购方式相比，跨国技术联盟无须投入相当大的资本而且免去了很长的建设期和适应磨合期。该方式的另一个优势就是它使跨国研发企业在短期内能够接触到国外企业的一些先进技术，能够受益于“技术外溢效应”，从而不断改进提升自己企业的生产技术。在政策方面，很多国家也对跨国技术联盟的研发投资方式给予鼓励。

6.1.2 中国企业海外研发投资的发展现状

6.1.2.1 中国企业海外研发投资的发展概况

由于公开数据统计中未专门针对海外研发投资进行单独统计，鉴于海外研发投资与对外直接投资的发展趋势基本一致，首先将对外直接投资的发展及现状进行介绍。

根据联合国贸易和发展会议（UNCTAD）的统计数据，自20世纪80年代后期开始，全球对外直接投资（OFDI）总额日益增加并且增长趋势日趋明显。在20世纪90年代后期，世界整体对外直接投资额迅速上涨，在全球范围内掀起了对外直接投资的浪潮，尤其是跨国并购。对外直接投资总额于2000年达到第一个高峰1163.064亿美元。随后经过一定程度的波动，世界对外直接投资额于2007年达到目前为止最高值 2.165 万亿美元。但是由于全球性金融危机的影响，2008—2009 年世界对外投资总额迅速下跌至 1.099 万亿美元。截至 2015 年，世界对外直接投资总额达到 1.474 万亿美元。

从表 6－1 和图 6－1 中我们能够发现，自 2006 年以来，全球对外直接投资总额有较为明显的波动性。发展中国家对外直接投资总额不仅大致呈现平稳上升的趋势，发展中国家对外直接投资占全球对外直接投资总额的比例也有着上升的态势。2012—2014 年，发展中国家对外直接投资额在连续三年增长之后，达到 4456 亿美元。因此，发展中国家在全球对外直接投资的比例从 2011 年的 24% 增加到 2014 年的 34%，然而在 2014—2015 年间，该比重下降了 8 个百分点，2015 年该比重为 26%。与此形成对照的是，发达经济体的外国直接投资变化趋势波动较大。

表 6－1　近十年全球对外直接投资情况概览

单位：百万美元

年份	2006	2007	2008	2009	2010	2011	2012	2013	2014	2015
世界总额	1351952	2165191	1703663	1098824	1391918	1557640	1308820	1310618	1318470	1474242
发展中国家	201372	272817	273921	240066	358029	373931	357844	408886	445579	377938
发达国家	1120427	1843191	1369463	820381	983405	1128047	917783	825948	800727	1065192
世界增长率		60%	－21%	－36%	27%	12%	－16%	0%	1%	12%
发展中国家 FDI 比例	15%	13%	16%	22%	26%	24%	27%	31%	34%	26%

数据来源：UNCTAD 对外直接投资数据库。

根据联合国贸易和发展会议公布的《2016 年世界投资报告》显示：2015 年全球 FDI 流出总量上升 12%。其中，我国对外投资流出金额达 1280 亿美元，这也是我国能够保持全球第三大对外投资国地位的原因之一。

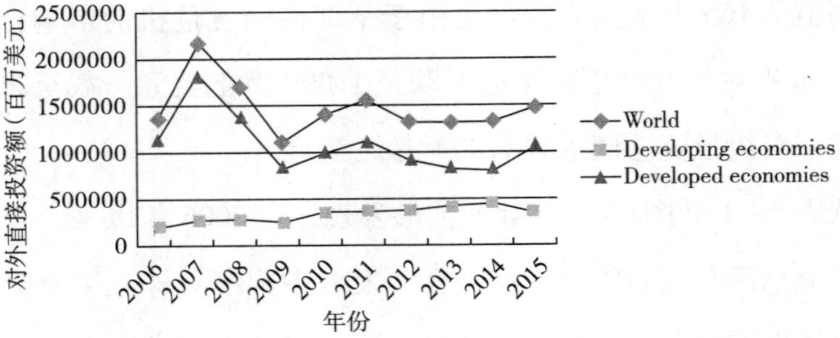

图 6－1　近十年全球 FDI 发展趋势图

数据来源：UNCTAD 对外直接投资数据库。

根据《2015 年度中国对外投资统计公报》显示，2015 年，全球对外直接投资强劲复苏，直接投资流出流量为 1.47 万亿美元，同比增长 11.8%。中国对外直接投资实现历史性突破，流量首次位列全球第二位。该年内我国企业的对外投资并购数目为 579 起，涉及 62 个国家或地区，直接投资总额占并购总额的 68.5%，达到 372.8 亿美元。截至 2015 年年底，中国 20200 多家境内投资者在全球 188 个国家共设立对外直接投资企业 3.08 万家，年末境外企业资产总额大约高达 43700 亿美元。中国创新型企业调研数据显示，中国企业海外研发机构超过 61% 是自建模式进入（直接投资或全资子公司）。

在对外直接投资日益高涨的浪潮下，不少中国企业能够抓住机遇并结合自身特点加入对外投资的浪潮，不断提升自身的竞争力。其中进行海外研发投资活动的企业也越来越多。自 2004 年以来，我国企业的跨国技术并购就已经初现端倪。例如，海尔大举收购美国家电巨头 Maytag 和通用电气家电业务，引起业内轰动；联想收购 IBM 个人电脑业务；TCL 通过收购德国施耐德、法国汤姆逊和阿尔卡特手机，迅速实现了海外扩张和获取核心技术的目标；上汽集团并购韩国双龙等。

此外，中国企业在通过建立海外研发中心从而提升企业核心竞争力这一方面也取得了很大的进展。寻踪华为的国际化之路，我们能够发现华为对企业研发能力的重视和对企业创新与发展的重视。华为被很多企业视为国际化的成功典范。而华为当今的成就绝对离不开其庞大的海外研发布局。如表 6－2 所示，自 1999 年以来，华为先后建立了 16 家海外研发中心，华为的研发人才和技术资源遍布欧洲、亚洲、美洲等地。华为坚持将每年收入的 10% 投入研发，终于在 2014 年成功超越松下电器，跃升成为申请国际专利最多的企业，为企业的发展提供了坚实的保障。

表 6－2　华为海外研发中心概览

序号	机构名称	成立时间	国家
1	俄罗斯数学研究所	1999	俄罗斯
2	斯德哥尔摩 3G 技术研究所	2000	瑞典
3	硅谷研究所	2001	美国
4	达拉斯研究所	2001	美国
5	欧洲研究所总部	2001	德国
6	土耳其研究所	2002	土耳其
7	华为技术日本株式会社	2005	日本
8	华为荷兰公司	2005	荷兰
9	加拿大研究所	2008	加拿大
10	意大利研究所	2008	意大利
11	芬兰研究所	2012	芬兰
12	班加罗尔研发中心	2015	印度
13	法国美学研究所	2015	法国
14	欧洲研究院	2015	比利时
15	法国数学研究所	2016	法国
16	迪拜研究中心	2016	阿联酋

资料来源：根据相关资料整理得到。

6.1.2.2 中国企业海外研发投资存在的问题

1. 研发投资规模偏小，研发活动受到限制

在我国企业的海外研发投资活动中，由于企业自身资产规模有限，很多企业对海外研发活动的投入经费不足，相应的科研设备、基本设施、实验室环境以及软件条件往往不能够满足研发活动的需要，进而限制了海外研发投资的效益以及企业研发实力的提升，这可能影响到企业整体发展目标的实现。

2. 大额海外研发投资主体主要为国企，民营企业投资热情不足

虽然我国国企的大多数海外投资活动面临亏损，但是国企在海外研发投资，尤其是大额海外研发投资中仍然扮演主力军的角色，而且国企在研发投资方面表现得更为活跃，交易金额较大。相比之下，可能是因为受到资金压力、投资风险以及企业战略等多方面因素的影响，一些民营企业缺乏对海外进行研发投资的热情，因此民营企业在海外研发投资方面还有很长的路要走。

3. 研发人员规模偏小，导致过度依赖外来技术

我国企业在海外研发投资的人员规模上与发达国家相比还有一定的差距。国外跨国公司海外研发机构一般人员规模超过 100 人，而我国企业海外研发机构的人数通常不足百人。这就大大限制了我国海外研发机构的研发能力，导致我国企业海外研发机构主要用于跟踪国外先进技术，获得最新信息，却较少从事技术开发工作，而进行基础研究工作的几乎没有。在进行海外研发投资活动的中国企业中，较小的人员规模使得一部分企业的研发水平仅仅能够从东道国吸收先进技

术，而没有能力将这些先进技术充分利用到自身的研发活动中，因此就导致了企业过度依赖外来技术，却不能从根本上提升自身研发实力。在这种情况下，企业只能在行业中扮演跟从者的角色而无法成为新技术的开发者和市场潮流的引领者。

由于我国企业在海外研发投资方面存在的诸多问题将直接影响到企业研发能力的提升和综合实力的发展，因此为了促进我国企业的跨国发展，解决当前相关问题就成为企业应关注的焦点。在接下来的第二小节中，我们将对中国企业海外研发投资进入模式选择以及相关影响因素进行进一步的实证分析，为我国企业解决以上问题提供理论基础，从而推动中国企业大幅增强自身研发实力并成功走向国际市场。

6.2 中国企业海外研发投资进入模式的实证分析

6.2.1 理论分析与假设提出

目前，在已有研究中涉及的海外研发投资进入模式影响因素，从企业层面来看，包括技术资源、经济资源、国际经验、企业生产率、政治关联等因素；从行业层面来看，包括行业竞争和行业壁垒；从国家层面来看，包括研发设施和政策环境等因素。

通过对相关文献的归纳，本节针对目前中国企业海外研发投资存在的问题，最终将研究焦点进一步细化为企业规模、所有制形式以及研发实力与企业对外研发投资进入模式之间的关系，同时选取企业资产总额、企业股东控股情况和研发人员比例分别作为三者的基本衡量指标，通过整理原始数据和数据预处理为下一步的实证分析奠定基础。

首先，企业规模在相当程度上代表了企业的资金实力。通常一个企业要扩大企业规模，必须要有足够的资金作为基础。此外，基于交易成本理论，经济实力较强的企业有能力为海外研发投资提供专有资产的保证，在进行海外研发投资时更有能力保护自身的研发成果，避免出现知识外泄和搭便车行为。同时，企业的综合实力、资源整合能力与企业规模也息息相关。往往企业规模越大，企业资金实力越雄厚，企业在进行海外研发投资时更有能力采用建立海外研发中心的方式进入本土市场，以保留独立的所有权和经营权，并且能够独自享有研发成果。因此我们认为，庞大的企业规模使企业更倾向于建立海外研发中心。例如，全球大型家电第一品牌的海尔集团，其企业规模庞大，旗下包括24个工业园、108个制造中心、66个营销中心。1999年，海尔建立了海尔开发区工业园、海尔信息产业园、美国海尔园、海尔大学校部，被称为“三院一校”。2013年，海尔开放创新平台HOPE成立，由海尔开放式创新中心开发并运营。2015年3月，海尔亚洲研发中心在日本埼玉县熊谷市正式揭牌启用。2016年6月7日，海尔以55.8亿美元收购整合美国通用电气，使后者成为其共创共赢生态圈的重要一员。至此，海尔已在全球拥有10大研发基地，其中，海外研发基地8个，国内研发基地两个。

其次，我们将企业所有制形式分为国有制和非国有制。Child和Rodrigues明确提出，中国的OFDI是制度嵌入的而不是简单的公司战略行为。我们认为，国有企业比非国有企业更倾向于选择跨国并购方式进行海外研发投资。这是因为与非国有制企业相比，国有制企业经营活动不完全取决于利益方面的考虑，往往也在很大程度上受到其他因素的影响，一些经营活动需要紧密配合国家整体战略。此外，国有制企业相对拥有更强大的资金实力，具备更丰富的人力资源，能够利用更丰富的自然资源，在政策方面也享受一定的优惠。Ramaswamy（2012）的研究表明，中国国有企业倾向于在政治风险高、拥有高技术或拥有丰富自然资源的国家投资，选择跨国并购方式部分反映了中国政府倾向于获取战略性资产的宏观战略意图。

另外，企业的研发实力从侧面反映了企业的竞争优势。通常，企业研发实力越强，企业的竞争优势越大。研发实力强的企业在进行海外研发投资进入模式的选择时，会特别注意防止企业技术外溢和技术转移以保护自己的研发成果与核心技术，维持自身竞争优势。Balsvik 和 Haller 也认为，当企业技术资源丰富时，为减少知识转移，保护知识产权，企业更倾向于绿地投资而不是并购模式。而在以上三种进入模式中，建立海外研发中心的进入方式能够满足投资方的这一要求。因此，对于研发实力强的企业，选择建立海外研发中心进入模式的可能性较大。据此，我们提出以下假设：

H1：企业规模越庞大，企业越倾向于选择建立海外研发中心的方式进行海外研发投资。

H2：国有企业比非国有企业更倾向于选择跨国并购方式进行海外研发投资。

H3：企业研发实力越强，企业越倾向于选择建立海外研发中心的方式进行海外研发投资。

6.2.2 变量选择和模型建立

6.2.2.1 研究变量的选择

1. 被解释变量——我国企业海外研发投资进入模式

参考国内外相关研究，本节将被解释变量——我国企业海外研发投资进入模式，分为建立海外研发中心模式（包括独资与合资，在此不做区分）、跨国技术并购和跨国技术联盟三种方式。但是又由于跨国技术联盟这一模式在实际案例中难以划分，因此本节实证部分仅针对前两种进入模式进行分析。其中，1 代表建立海外研发中心模式，0 代表跨国技术并购模式。

2. 解释变量的选择

（1）企业规模

企业规模指企业生产、经营等范围的大小。企业规模可以通过企业的从业人数、销售额以及资产总额三个指标进行划分。其中，“资产总额”指标能够从资源占用和生产要素的层面上反映企业规模。可见，采用“资产总额”这一指标进行衡量，具有更强的可操作性。因此，本节选取“资产总额”的自然对数来代表企业规模，记为 ln(SIZE)。

（2）企业所有制形式

企业所有制形式包括国有企业、集体所有制、私营企业、股份制企业、联营企业、外商投资企业、港澳台企业以及股份合作企业。由于企业所有制形式分类繁杂，为了便于统计分析并且使分类具有代表性，本节仅对企业所有制形式进行国有与非国有的区分（国有制包括国有控股的企业）。其中，1 代表国有制，0 代表非国有制。国有制形式记为 OWN。

（3）企业研发实力

所谓企业研发实力，是指企业能够利用现有资源，在掌握现有科学技术知识的基础上，把握市场需求，找到问题，确定选题，并组织人力物力，去解决问题的能力。它是创新资源投入积累的结果。技术人员占企业员工总数的比例能够较为直接地反映一个企业对研发方面的投入力度和研发强度。因此，本节采用技术人员所占比例的自然对数作为企业研发实力的衡量指标，记为ln（RD）。

$$\ln(RD)=\frac{技术人员总数}{企业员工总数} \tag{6-1}$$

6.2.2.2 模型的建立

本节中的三个自变量中，企业规模和企业研发实力均为计量变量，而企业所有制形式变量为二分类变量，水平值编码0为“非国有”，水平值编码1为“国有”。因变量为“企业海外研发投资进入模式”，是二分类变量，水平值编码0为“跨国技术并购”，水平值编码1为“建立海外研发中心”。因此，可采用Logistic回归分析，以研究中国企业对海外研发投资进入模式的选择与企业规模、所有制形式以及研发实力的关系。建立Logistic回归方程，回归方程如下：

$$\text{Prob}（Y=1 \mid x）=\exp（x\beta）/（1+\exp）（x\beta）） \quad (6-2)$$

该模型中，Y代表被解释变量——中国企业海外研发投资进入模式，x为解释变量矩阵，β是待估系数。

6.2.2.3 样本选择及数据来源

本节选取被当地税务局、财政厅、科学技术厅联合认定为高新技术企业且存在海外研发投资活动的上市公司为样本并剔除ST公司。

根据以上原则共筛选出样本观测值34个，样本数据的分布情况如表6－3所示。企业资产总额在财务报表中明确披露，并且由于海外研发投资决策是在前一年的财务数据基础上做出的，因此本节选取的资产总额为进行海外研发投资活动前一年的财务数据，以排除海外研发投资活动本身对资产总额的影响；企业所有制通过查看企业年度报表中“截至报告期末前十名股东持股情况表”确定；企业技术人员人数与企业人员总数在企业年度报表中“董事、监事、高级管理人员和员工情况”一章中有明确披露。

本节所参考的上市公司年报数据来自巨潮资讯网、上海证券交易所官网以及深圳证券交易所官网。

表 6-3 样本数据分布

成立地区＼成立时间	2005—2010	2011—2015	2016—2017	总计	比例
北美	1	4	4	9	26.47%
中东	0	1	1	2	5.88%
欧洲	4	8	6	18	52.94%
亚洲	1	1	1	3	8.82%
南美	0	1	1	2	5.88%
总计	6	15	13	34	100.00%
比例	17.65%	44.12%	38.24%	100.00%	

6.2.3 Logistic 回归分析

6.2.3.1 多重共线性检验

本节选取方差膨胀因子来检验模型是否存在多重共线性。通常方差膨胀因子越大，说明模型的多重共线性越严重。根据经验判断，当方差膨胀因子小于 10 时，不存在多重共线性；当方差膨胀因子大于 10 且小于 100 时，存在较强的多重共线性；当方差膨胀因子大于 100 时，存在严重的多重共线性。检验结果如表 6-4 所示，lnSIZE、OWN 和 lnRD 的方差膨胀因子（VIF）分别为 1.024、1.110 和 1.086，均远远小于 10，可见该模型不存在多重共线性的问题。

表 6－4　多重共线性检验

模型	VIF
lnSIZE	1.024
OWN (1)	1.110
lnRD	1.086

6.2.3.2　参数估计

由于被解释变量 Y 仅有两个取值：1（国有）和 0（非国有），因此本节运用 IBM SPSS 19.0 软件对被解释变量与解释变量进行二分类 Logistic 回归分析。所得分析结果如下：

由于自变量投入回归模型后的迭代过程采用 Enter 法进行参数估计，因而三个自变量均投入迭代过程。经过七次迭代，常数项与三个自变量的系数估计值就是最终所建立的 Logistic 回归模型的系数值。当三个预测变量进入回归模型后，常数项为 －39.159，lnSIZE、OWN、lnRD 三个预测变量的系数分别为 1.797、－1.236、0.351 。

表 6－5　模型汇总

	x^2	df	Sig.	Cox & Snell R^2	Nagelkerke R^2
模型	20.768	3	0.000	0.537	0.716

表 6－5 为整体模型系数显著性的检验结果。三个自变量所建立的回归模型的整体的 x^2 值为 20.768，$p = 0.000 < 0.05$，达到显著水平，表示在投入的三个自变量“企业规模”“企业所有制形式”“企业研发实力”中至少有一个自变量可以有效地解释预测样本在企业海外研发投资进入模式的选择方面的分类结果。

“Cox & Snell R^2” 与 “Nagelkerke R^2” 越大表明模型的拟合优度越高，越接近于 1 表明模型的拟合优度越高，而越接近于 0 则表明模型的拟合优度越低。关联强度的性质与多元回归分析中的 R_2 值类似，但 Logistic 回归分析中的关联强度旨在说明回归模型中的自变量与因变量关系的强度。“Cox & SnellR_2” 与 “NagelkerkeR_2” 值分别为 0.537、0.716，表示所投入的三个自变量与企业海外研发投资进入模式选择变量间有中强度的关联。

6.2.3.3 拟合优度检验

对于 Logistic 回归模型而言，通常采用 Hosmer – Lemeshow 检验法来检验模型的拟合优度。如果 Hosmer – Lemeshow 检验值未达显著水平，则说明模型的拟合优度好。在 Logistic 回归模型的假设验证方面，Hosmer – Lemeshow 检验的 x^2 统计量越小越好，x^2 值越小越不会达到显著，表示回归模型越佳。该模型中 Hosmer – Lemeshow 检验的卡值为 2.034，$p = 0.958 > 0.05$，因此整体回归模型的拟合优度非常好，表示自变量可以有效预测因变量。

表 6 – 6　分类表

已观测		已预测		
		Y		百分比校正
		0	1	
Y	0	12	2	85.7%
	1	2	11	84.6%
总计百分比				85.2%

如表 6 – 6 所示，经过 Logistic 回归，回归前的 14 个 “跨国技术并购” 企业中有 12 个被归类于 “跨国技术并购” 企业（分类正确），有 2 个被归类于 “建立海外研发中心” 的企业（分类错误）；回归前的 13 个 “建立海外研发中心” 的企业中有 11 个被归类于 “建立海外研发中心”（分类正确），有 2 个被归类于 “跨国技术并购” 企业（分类

错误）。“跨国技术并购”企业样本中分类正确率为85.7%，“建立海外研发中心”企业样本中分类正确率为84.6%。分类的正确率越高，所建立的逻辑回归模型适配性越佳，自变量对因变量的影响越大。因此，模型整体预测正确率为85.2%，该逻辑回归模型适配性良好，自变量对因变量影响较大。

表6－7 方程中的变量

变量	B	S. E.	Wald	df	Sig.	Exp（B）
lnSIZE	1.797	0.767	5.487	1	0.019	6.030
OWN（1）	－1.236	1.374	0.809	1	0.368	0.291
lnRD	0.351	0.872	0.162	1	0.688	1.420
常量	－39.159	16.756	5.462	1	0.019	0

表6－7表示回归模型中个别自变量显著性的参数估计。由表中可知，投入的三个变量中只有“企业规模”的Wald检验值达到显著，其余两个变量均未达到0.05显著水平，因而“企业规模”可以是预测与解释中国企业海外研发投资进入模式决策的重要预测变量。

“Exp（B）”即胜算比，说明自变量与因变量之间的关联。胜算比越高，表示自变量与因变量的关联程度越强。如表6－7所示，lnSIZE的胜算比为6.030，表示样本的ln（SIZE）值增加1单位，企业选择建立“海外研发中心”为进入模式的概率就增加5.030（503%）。

6.2.3.4 实证结果分析

通过上述Logistic回归分析结果发现：

第一，假设H1成立，企业规模与中国企业海外研发投资进入模式的选择存在显著的相关性。规模越大的中国企业越倾向于选择建立海外研发中心的方式进行海外研发投资；相反，企业规模越小，进行海外研发投资时越倾向于选择跨国技术并购的方式进入东道国。资金实力雄厚的企业有能力并且更愿意为了保留独立的所有权和经营权、独自享有研发成果而出巨资在海外建立独资或全资子公司专门用于研发活动。相比之下，资金实力较弱的企业如果选择建立海外研发机构，则会给企业的经营发展带来沉重的负担，甚至可能导致企业难以维持正常的经营活动，因此此类企业通常不会选择建立海外研发机构。

第二，假设 H2 不成立。这说明我国企业的所有制形式不能够对中国企业海外研发投资进入模式的选择提供有效的解释。换句话说，国有制企业并不比非国有制企业更倾向于选择跨国技术并购或者建立海外研发中心的方式进行海外研发投资。由此可见，在海外市场进行研发投资对于国有制企业和非国有制企业的待遇可能没有太大差别，因此二者在选择海外研发投资进入模式时，基本不受自身所有制形式的影响。

第三，假设 H3 不成立。这表明企业研发实力与中国企业海外研发投资进入模式之间不存在很强的关联性。研发实力较强的企业并不比研发实力较弱的企业更倾向于选择跨国技术并购或者建立海外研发中心的方式进行海外研发投资。该结论与前文的理论分析存在出入，这可能是因为企业战略和经营理念对海外研发投资进入模式有一定程度的影响。比如一些研发实力较强的企业在经营理念上更倾向于使用强强联合的策略，通过与海外研发实力较强的企业建立跨国技术联盟或者并购海外研发实力强的企业进行海外研发投资。

6.3 政策建议

6.3.1 加大海外研发资金支持力度，扩充企业规模

实证分析表明，经济资源丰富的企业更倾向于建立海外研发中心来开展研发活动，可见大多数进行海外研发投资的中国企业在选择进入东道国的方式时，更多考虑的是自身的资金实力，而不是企业自身的研发实力。因此，一方面企业要想通过海外研发投资增强自身实力，则必须增加资金的投入、扩充企业规模。然而，另一方面，我国企业不能盲目地在海外大量建立研发中心，现实中更应该学会综合考虑企业实力，选择低成本、优绩效的进入模式进行海外研发投资，从而吸收国外领先的技术并开发出自己的科研成果。

此外，政府应加强对海外研发投资的引导，在政策上扶持中国企业研发活动"走出去"，例如提供税收优惠、鼓励金融机构设立海外研发投资专项贷款，从而为我国企业海外研发投资活动营造良好的外部环境。

6.3.2 抓住海外研发投资机遇，增强国际竞争力

从实证分析的结论可以看出，在海外研发投资方面，民营企业对于不同进入模式的选择没有显著的倾向性。但是可以确定的是，民营企业如果能够在控制风险的前提下，充分利用海外研发投资这一机遇打入海外市场，并以此为契机不断完善和提高核心技术与研发能力，那么企业的存活与发展将得到更坚实的保障，企业也能够树立更卓越的品牌形象，从而在世界市场上谋求更丰厚的利润和更长远的发展。

同时，国有企业应该从海外研发投资活动中不断吸取经验教训，结合自身特点调整投资模式和策略，从而提高海外研发投资的效率，增强自身国际竞争力。

6.3.3 合理调整研发人员规模，重视自身研发能力提升

我国企业在进行海外研发投资时不能一味停留在吸收国外技术的水平上，企业发展真正需要的是充分利用海外研发投入的资金、人才以及其他资源不断培养自身的研发实力，而其中人力资源被视为研发活动的核心支柱。企业应不断调整研发人员的规模，学会利用人力资源，吸收国外的先进技术并以此为基础，开展自主创新，不断研发出属于自己的尖端技术和工艺，从而提升企业的核心技术能力。

6.4 小结

本章首先通过对当前国内外有关海外研发投资的文献进行梳理，发现在目前的研究中很少有专门针对高新技术企业和企业研发方面海外投资的研究并且缺乏能够通过对企业微观数据进行深刻剖析，进而揭示海外研发投资进入模式与相关因素之间关系的研究。因此，本章首先通过理论分析建立假设模型，同时选取若干有海外研发投资活动，并且被认定为高新技术企业的上市公司为样本，经过数据筛选和Logistic 回归，分析企业规模、企业所有制形式以及企业研发实力对中国企业海外研发投资进入模式决策的影响作用。经过理论研究和实证分析，笔者发现企业规模对中国企业海外研发投资进入模式决策的影响效果非常显著，然而企业的所有制形式和企业的研发实力对之产生的影响却并不显著。现将本章所得结论总结如下：

第一，海外研发投资多样化平稳发展。海外研发投资的形式多种多样，大体而言能够分为三种类型，即建立海外研发中心、跨国技术并购和跨国技术联盟，三种方式各有所长。近年来海外研发投资发展趋势较为平稳，在发展中国家发展速度较快。中国企业也能够抓住这一机遇，不断提升中国企业在世界市场上的地位，而其中大多数中国创新型企业选择以建立海外研发中心和跨国技术并购的方式开展海外研发投资活动。然而我国企业在进行海外研发投资的过程中也存在诸多问题，如：研发投资不足致使研发活动受到限制；国企构成海外研发投资主体，民营企业投资热情不足；研发人员数量不足，导致过度依赖外来技术等。

第二，企业规模显著影响海外研发投资进入模式。规模越庞大的中国企业对于选择建立海外研发中心的方式进行海外研发投资的概率越大；反之，则更倾向于通过跨国技术并购的方式来整合东道国的技术资源。这一结论呼应了前文的理论分析和假设。与此同时，分析结果还表明，国有企业并不比非国有企业更倾向于选择跨国并购方式进行海外研发投资。此外，对于中国企业而言，研发实力的壮大并不意味着企业更有可能选择建立海外研发中心的方式进行海外研发投资。

参考文献

[1] 白洁. 对外直接投资的逆向技术溢出效应——对中国全要素生产率影响的经验检验[J]. 世界经济研究,2009(8):65－69.

[2] 蔡冬青,刘厚俊. 中国 OFDI 反向技术溢出影响因素研究——基于东道国制度环境的视角[J]. 财经研究,2012(5):59－69.

[3] 蔡冬青,周经. 东道国人力资本、研发投入与我国 OFDI 的反向技术溢出[J]. 世界经济研究,2012(4):76－80.

[4] 陈菲琼,钟芳芳,陈珧. 中国对外直接投资与技术创新研究[J]. 浙江大学学报(人文社会科学版),2013,43(04):170－181.

[5] 陈衍泰,罗来军,林泽梁. 中国企业海外研发的进入模式与研发强度关系——基于跨案例的研究[J]. 科学学研究, 2011,29(5):722－727.

[6] 崔佳丽. 产业集聚影响区域创新绩效的研究——以中关村软件园产业技术创新实证分析为例[D]. 上海:上海师范大学,2014.

[7] 代丽. 北京企业技术获取型 OFDI 风险防范研究[D]. 北京:北方工业大学,2015.

[8] 范丽丽. 中国技术获取型 OFDI 进入模式选择的影响因素分析[D]. 济南:山东大学,2011.

[9] 董洁,王玲,李志男,扆铁梅,王素英. 中关村国家自主创新示范

区产业发展现状[J]. 中国科技信息,2015(16):147－150.

[10] 董越. 中国企业对外投资存在的问题与对策[J]. 当代经济,2015(33):24－25.

[11] 范伯元. 大力提高自主创新能力　做强中关村　努力创建世界一流科技园区[J]. 中国科技产业, 2005(9):18－21.

[12] 范桦. 我国高新技术产业对外直接投资区位选择研究[D]. 北京:首都经济贸易大学,2016.

[13] 付信明, 张劲松, 张文辉. 中美典型高技术创新集群的比较分析——以硅谷和中关村为例[J]. 工业技术经济, 2009, 28(2):38－40.

[14] 龚程昕. 中国林业对外直接投资的风险评价与优化[D]. 北京:北方工业大学,2015.

[15] 顾君杰,张晨,任艳君,朱顺林. 中国海外研发投资的影响因素与模式选择[J]. 商场现代化,2012(30):121－123.

[16] 官淑琪. 开放式创新视角下企业外部技术获取的创新绩效研究[D]. 武汉:武汉理工大学,2013.

[17] 郭万超,朱天博. 中关村创新力提升中存在的问题及解决途径——基于企业集群创新网络视角的分析[J]. 城市问题,2012(3):35－38.

[18] 韩孝成. 中关村科技园区发展机制研究[D]. 北京:中共中央党校, 2003.

[19] 贺明,夏恩君,刘伊雯. 基于 DEA 方法的中关村科技园区创新能力评价分析[J]. 科技进步与对策, 2010, 27(9):106－109.

[20] 黄保东. 中国企业对外直接投资动因和区位的国外研究述评[J]. 经济社会体制比较,2010(02):189－194.

[21] 黄威. 大力营造提升中关村创新力的外部环境[J]. 中关村,

2006(3):41-42.

[22] 剧锦文. 关于中关村科技园区实施创新战略的思考[J]. 中国高新区, 2008(10):93-96.

[23] 李海丽,向琳,祈明军. 中关村企业海外经营的动因和模式分析[J]. 中国高新区, 2009(1):94-95.

[24] 李海洋. 高新技术企业海外嵌入和逆向知识溢出模式研究——以浙江省高新技术企业为例[D]. 杭州:浙江工商大学,2012

[25] 李烁,王峰,王启云. 中国企业海外 R&D 投资的思考[J]. 重庆邮电学院学报(社会科学版),2005,17(4):496-499.

[26] 李欣伟. 中国对外直接投资的政治风险评估[D]. 北京:中国青年政治学院,2014.

[27] 刘朝良. 技术获取不确定性下的企业技术升级[D]. 杭州:浙江财经大学,2015.

[28] 刘浩. 高新技术产业集聚促进区域技术创新的理论与实证研究[D]. 武汉:武汉理工大学,2011.

[29] 刘慧. 技术获取模式对高技术产业绩效的影响研究——基于吸收能力的调节作用[D]. 合肥:中国科学技术大学,2015.

[30] 刘惠琴. OFDI 反向溢出对技术创新绩效的影响研究[D]. 长沙:湖南大学,2012.

[31] 刘佳. 中关村科技园区中小企业融资问题研究[D]. 北京:中央民族大学, 2010.

[32] 刘艳. 中国企业海外研发投资模式分析[J]. 现代经济(现代物业下半月刊),2007,6(10):145-456.

[33] 刘阳春. 中国企业对外直接投资动因理论与实证研究[J]. 中

山大学学报(社会科学版),2008,48(03):177－184.

[34] 刘英. 中国企业对外直接投资和技术能力提升研究[D]. 武汉:武汉大学,2005.

[35] 任改玲. 中国企业跨国并购的 SWOT 分析与模式研究[D]. 上海:上海海事大学,2005.

[36] 沙文兵. 对外直接投资、逆向技术溢出与国内创新能力——基于中国省际面板数据的实证研究[J]. 世界经济研究,2012(3):69－74.

[37] 孙艳燕. 我国技术获取型对外直接投资的实证研究[D]. 杭州:浙江工业大学,2008.

[38] 田美芳. 中关村科技园区高新企业技术创新与区域创新环境研究[D]. 北京:北京师范大学, 2005.

[39] 田巍,余淼杰. 企业生产率和企业"走出去"对外直接投资:基于企业层面数据的实证研究[J]. 经济学(季刊),2012,11(2):383－408.

[40] 王砚羽,谢伟,李纪珍,乔元波. 自建与合作:资源与海外研发机构进入模式研究[J]. 科学学研究,2016,34(9):1360－1370.

[41] 王娟. 中国高新技术产业对外直接投资的技术创新效应研究[J]. 经济体制改革,2015(05):164－168.

[42] 王立东. 技术获取型中国企业跨国并购影响因素研究[D]. 沈阳:沈阳工业大学,2011.

[43] 汪婷, 向隅. 合肥高新区与中关村科技园区之比较[J]. 安庆师范学院学报(社会科学版), 2005, 24(4):52－55.

[44] 汪伟. 海外直接投资的风险控制机制研究[D]. 沈阳:沈阳工业大学,2015.

[45] 魏东,王璟珉. 中国对外直接投资动因分析[J]. 东岳论丛,

2005(05):88－92.

[46] 卫冬苇. 企业新产品开发过程中的技术获取模式研究[D]. 杭州:浙江大学,2006.

[47] 吴崇,蔡婷婷,孔蕤. 中国企业海外市场进入模式及其对绩效的协调效应研究[J]. 亚太经济,2016(1):92－100.

[48] 吴来桂. 中国企业对外直接投资经营风险研究[D]. 长沙:湖南大学,2009.

[49] 吴明隆. 问卷统计分析实务——SPSS 操作与应用[M]. 重庆:重庆大学出版社,2010.

[50] 谢冰,胡美林. 高新技术企业对外直接投资区位选择研究——基于产业集群的视角[J]. 财经理论与实践,2006(04):101－103.

[51] 谢铮. 我国技术获取型对外直接投资区位研究[D]. 北京:首都经济贸易大学,2015.

[52] 徐沛然. 东道国环境规制对中国 OFDI 的影响研究[D]. 杭州:浙江工商大学 ,2016.

[53] 徐卫武,王河流. 中国高新技术企业对外直接投资的动因分析[J]. 经济与管理,2005(02):69－72.

[54] 杨欢. FDI 对我国高新技术产业国际竞争力的影响研究[D]. 杭州:浙江工业大学,2012.

[55] 杨杰. 中国对外直接投资动因研究[D]. 北京:对外经济贸易大学,2016.

[56] 杨挺,李志中,陈子若. 中国对外直接投资的新特征及趋势[J]. 国际经济合作,2017(01):18－26.

[57] 姚枝仲. 中国企业对外直接投资动因[J]. 中国金融,2013

(01):47－48.

[58] 张丽群. 中国企业对外直接投资政治风险分析[D]. 长春:吉林大学,2015.

[59] 张欣. 中国企业海外并购模式研究[D]. 武汉:华中师范大学,2011.

[60] 张祎珣. 中国高新技术产业对外投资动机研究[D]. 北京:首都经济贸易大学,2016.

[61] 张莹. 中关村高新技术产业集群创新绩效影响因素研究[D]. 哈尔滨:哈尔滨工业大学,2014.

[62] 赵大宇. 北京中关村科技园区与韩国大田大德谷高新区政府规制比较[J]. 制度经济学研究, 2007, x(2):186－207.

[63] 郑乔云. 北京技术获取型 ODI 策略选择实证研究[D]. 北京:北方工业大学,2014.

[64] 钟瑞红. 中关村科技园区高新人力资源管理问题研究[D]. 北京:北京理工大学, 2001.

[65] 周重阳. 中关村科技园昌平园人力资源管理创新研究[D]. 北京:北京交通大学, 2007.

[66] 周剑. 对外直接投资与母国高新技术产业发展[D]. 湘潭:湘潭大学,2002.

[67] 周立军. 中国海外并购的主要模式[J]. 经济研究参考,2005(8):103－104.

[68] 周茂,陆毅,陈丽丽. 企业生产率与企业对外直接投资进入模式选择——来自中国企业的证据[J]. 管理世界,2015(11):70－86.

[69] 周伟林, 桂秋. 中国高新区聚类分析与评价[J]. 浙江社会科

学, 2002(3):37 -42.

[70] John Fernald. A Quarterly, Utilization - Adjusted Series on Total Factor Productivity[Z]. FRBSF Working Paper,2012,19.

[71] John Fernald, Kyle Matoba. Growth Accounting, Potential Output, and the Current Recession[Z]. FRBSF Economic Letter 2009,26.

[72] Susanto Basu, John Fernald, and Miles Kimball. Are Technology Improvements Contractionary? [J]. American Economic Review. 2006,96(5):1418 -1448.

[73] UNCTAD. GLOBALIZATION OF R&D AND DEVELOPING COUNTRIES[R]. New York and Geneva,2005.

[74] UNCTAD. World Investment Report 2016[R]. Geneva,2016.

后　记

本书作为北京市自然科学基金项目预探索项目（批准号：9173024）“中关村高新技术企业海外投资促进自主创新能力提升研究”的研究成果，基于中关村高新技术企业海外投资对自主创新的影响问题进行了探索性研究。高新技术企业海外投资的研究内涵广泛，既包括投资理论、投资动机、投资进入模式等问题，又包括投资区位、投资风险等角度，而对外直接投资所带来的逆向技术溢出效应问题也是国内国际学者近年来关注的热点问题，本研究在借鉴已有学者研究的基础上，主要关注高新技术企业尤其是以中关村科技园区为代表，“走出去”开展海外投资获取逆向技术溢出效应并带来母国技术创新能力提升这一问题，研究方法采用海外专利作为代表母国技术创新能力提升的代表性指标，中国高新技术企业“走出去”开展海外研发投资的时间不长，这其中包括进入方式选择、风险甄别、动机判断等问题都还有待进一步深入研究。限于研究时间和已有数据源所限，尤其是在做中关村相关问题的数据搜集工作时我们深感数据统计源的匮乏，尽管做了很多努力和尝试，但依然存在一些尚未解决的问题，也为后续的研究提出了有待进一步探索和解决的方向。

本书的编写及完稿，要感谢北京工业大学经管学院肖思雨、王贺森、庄佳宁、胡依萍同学及实验学院杨丽媛同学在课题研究中所做的工作。另外，特别感谢首都经济贸易大学经济学院硕士研究生张子秋同学为整理及校对书稿所做的大量工作。

由于水平和能力有限，书中存在许多不足甚至错误之处，恳请读者给予批评指正。

编者

2018 年 6 月